COMEDIA & DRAMA

Carmen Resino

COMEDIA & DRAMA
§

La boda
De película
A vueltas con los clásicos

Colección: Lecturas Imprescindibles
Serie: *Dionisios*

La Campana Sumergida Editorial

Título original: *Carmen Resino - Comedia & Drama*
Copyright © Carmen Resino, 2012
La boda, 2004©
De película, 1992©
A vueltas con los clásicos, 2010©
Copyright © Editorial La Campana Sumergida, 2012

Edición al cuidado de: Carlos Dimeo
Corrección: Anna Wendorff

Portada & Diagramación: Carlos Dimeo
Colección: LECTURAS IMPRESCINDIBLES
Serie: *DIONISIOS*

ISBN 978-83-933115-0-7

La Campana Sumergida Editorial
Lublin - Polonia
editorial@campanasumergida.org

ÍNDICE

Presentación 9

La Boda 13

De Película 39

A vueltas con los clásicos 113

PRESENTACIÓN.

Muy diferentes por su concepción dramática, por su intención, e incluso por el tono dominante en cada una de ellas, que va desde lo cómico hasta lo trágico, las piezas recogidas en el presente volumen -*La boda, De película, A vueltas con los clásicos*- dan cuenta, aunque sea de forma aproximada e incompleta, de la relevante aportación de Carmen Resino (Madrid, 1941) -una de las dramaturgas más interesantes de la escena peninsular de finales del siglo XX y de principios de este siglo XXI-, a la escritura teatral en la España de los últimos años. Es cierto que a una producción dramática que supera ya con creces la treintena de títulos es imposible hacerle justicia mediante la selección de un pequeño corpus de apenas tres obras breves, como el que ofrece la presente edición, y necesariamente hay vertientes de su escritura que, siendo tan interesantes como las aquí representadas, han de quedar obligadamente al margen. Se trata, sin embargo, de un mal inevitable y, analizado con la perspectiva adecuada, quizá menor, porque el objetivo no es el de dar cuenta cabal de la totalidad de la producción teatral de Carmen Resino – algo imposible en un volumen de estas dimensiones -, sino el de promover el interés por su obra, haciendo visibles la originalidad de sus planteamientos estéticos y algunos de los rasgos más destacados de su escritura, y éstos, al fin y al cabo, se manifiestan con suficiente nitidez en las piezas que hoy se presentan ante el lector.

La trayectoria literaria de Carmen Resino - que no se ha limitado únicamente a la escritura dramática, también hay que señalarlo, porque ha abordado igualmente la novela y el relato breve - se inició a finales de los años sesenta en una España agitada y convulsa – la de las postrimerías del franquismo - y ha discurrido con fuerza hasta el presente, con algún que otro breve intervalo de silencio, debido a razones meramente coyunturales. Concebida en todo momento con un alto nivel de exigencia literaria, intelectual y compositiva, su obra ha venido desplegándose de forma simultánea a lo largo de varias líneas temáticas, que reflejan una amplia constelación de intereses y preocupaciones vinculadas siempre a las cambiantes circunstancias de la sociedad en la que le tocó vivir, en permanente transformación y cambio – las presiones del presente sucesivo -, pero también a una inquietud transhistórica que le ha llevado a preocuparse por el destino individual del ser humano, aparentemente condenado desde el inicio de los tiempos a enfrentarse a fuerzas externas (llámese hado, herencia o sociedad) que a duras penas puede dominar y controlar. Virtudes Serrano, en su introducción al *Teatro Diverso (1973-1992)* de Carmen Resino, publicado en el año 2001 por la Universidad de Cádiz, apuntaba tres direcciones destacadas y, tras aludir al conjunto de su producción, subrayando su riqueza, agrupaba los diferentes títulos en amplios bloques:

> Unos están ambientados en el pasado histórico, literario o ficcional; otros, en el presente, construidos por signos visibles de actualidad que reproducen situaciones cotidianas, presididos por una estética realista; y en algunos otros, en fin, la falta de signos de identidad provocada por el anonimato de los personajes, la indeterminación de los lugares o el valor simbólico que adquieren todos los elementos del drama colocan los textos en los parámetros estéticos de la neovanguardia de finales de los sesenta, retomada en los noventa por las nuevas dramaturgias.[1]

Sea cual sea la orientación temática, conviene señalar, sin embargo, que su teatro es por lo general profundamente crítico y eso explica el que sus personajes casi siempre se sitúen a la contra y cuestionen las normas y convenciones sociales, adoptando una postura que, abiertamente asumida o tácitamente sustentada, obliga al espectador a reflexionar sobre los papeles

---

1 Virtudes Serrano, «Carmen Resino: direcciones de una dramaturgia», en Carmen Resino, *Teatro Diverso 1973-1992* (Cádiz, Publicaciones de la Universidad de Cádiz, 2001), 11.

que el inescapable juego del poder – en sus más sutiles formas y gradaciones – atribuye a los seres humanos en su obligada convivencia. Ahora bien, este enfrentamiento entre individuo y medio casi nunca se salda con un triunfo del primero, sino que habitualmente se cierra con un fracaso que deja escaso margen para la esperanza.[2] De esta forma, su escritura nos confronta también como espectadores y más que buscar nuestra complacencia, aspira a inquietarnos y a conmovernos.

Las obras que el lector tiene entre manos son, en este sentido, un buen ejemplo del quehacer dramático de Carmen Resino y revelan una escritura que, sin renunciar a la experimentación, resulta a la vez actual e intemporal y cuya lectura permite profundizar en una problemática radicalmente humana. Ojalá que esta edición permita a los lectores aproximarse a un mundo dramático potente y original. Y ojalá también que ese sea sólo un primer paso y que, una vez abierta la puerta, los mismos lectores que hoy se acercan a estas páginas se atrevan a circular por su cuenta en un universo de particular intensidad emotiva e intelectual. Lo agradecerán.

José Ramón González
Universidad de Valladolid

---

[2] Una de las escasas excepciones a esta especie de pesimismo dominante en el teatro de Carmen Resino lo ofrece la obra *De película*, y así lo destaca la propia autora: «Fue también *De película* una escritura espontánea y en la que lo pasé muy bien al reflejar problemas muy de hoy con desenvoltura y humor. Es una obra que pese a su denuncia, que la tiene, es amable, esperanzadora, 'acaba bien', y esto, en mi obra, no se da todos los días. Yo diría que casi nunca. [...] *De película* ha torcido, aunque sólo sea por una vez, el destino de mi escritura» ("Epílogo», *Teatro Diverso 1973-1992*, Cádiz, Publicaciones de la Universidad de Cádiz, 2001, 169-170).

LA BODA

PREMIO BUERO VALLEJO 2004

Esta obra se estrenó el 24/05/2006
En el Teatro «Buero Vallejo» de Guadalajara,

Interpretada por: Carmen Caballero
Dirección de: Mariano de Paco Serrano

Interior de un dormitorio de mujer de clase media. Al fondo, en el centro, frente al espectador, cama matrimonial sin hacer, con el desorden propio de alguien que acaba de levantarse. A la derecha, mesilla con teléfono, vaso de agua, cenicero con alguna colilla y cajetilla empezada, etc. y un poco más allá, una puerta entreabierta a través de la cual sólo se percibirá un espacio silencioso y oscuro. Esta puerta será referencia constante de la protagonista convirtiéndose en auténtico personaje antagonista. Y personaje es, aunque mudo, pues a ella se dirige constantemente LA HIJA, lanzándole sus preocupaciones, anhelos, recelos y odio. Puerta y espacio, constituirán su contraste, la conciencia de sí misma, su autoafirmación y su catarsis. Siempre que LA HIJA se dirija a su madre, lo hará a ese espacio contradictoriamente abierto y críptico.

En la pared de la izquierda, ventana por la que apenas entra luz de mañana temprana, obligando a tener encendida la artificial. Cerca del proscenio, al fondo a la derecha, puerta cerrada, que se supone, comunica con las restantes dependencias de la casa y con el exterior. En el proscenio, a la derecha, un poco esquinada, mesita con televisión; en el centro, se supone pero no se verá para no obstaculizar la visión del espectador, un espejo de cuerpo entero, y a la izquierda, también esquinado, armario sin fondo, del que sólo se verá perchas con vestidos, zapatos y otros enseres. Todo el dormitorio debe trasmitir la sensación de desorden.

Al alzarse el telón, LA HIJA está sacando rápidamente vestidos y sombreros del armario y arrojándolos anárquicamente, sobre la cama.

LA HIJA es una mujer madura. No es guapa ni fea, ni gorda ni delgada. Es gris. Sobre todo gris. Se encuentra en bata y rulos.

§

HIJA: (Mientras saca las cosas del armario y dirigiéndose hacia ese espacio interior silencioso y oscuro que permite entrever la puerta abierta) ¡Cállate, mamá! ¡Si sigues chillando de esa manera, no puedo concentrarme y me voy a hacer un lío! La cosa es ya lo bastante peliaguda para que tú, encima, me pongas más nerviosa aún... Estoy hecha un lío. ¡Un lío, para que te enteres! (Cogiéndose la cabeza entre las manos) Me estalla la cabeza, ¡menuda noche me has dado, sabiendo lo que tengo hoy! ¡Tú siempre, tan oportuna, parece que andas buscando el momento peor, si te conoceré, que a egoísta... (Va hacia la cama y revuelve las cosas que ha ido arrojando. Parece buscar algo que no encuentra) Y para colmo, esta precipitación, y lo peor de todo es que no voy a llegar, y si no llego, ¡me muero! ¡Te aseguro que me muero! ¡Una ocasión como ésta! ¡Por una vez que las cosas empiezan a salir redondas, y que me apetece una barbaridad! ¡Lo que más de este mundo! y precisamente en un momento así, un momento que para mí es casi mágico, de cuento, bueno, sin el casi, ¡mágico total! Vas tú y me quieres chafar la fiesta. ¡Siempre tan oportuna!

(Asomándose un momento a la puerta) ¿Cuándo no has sido oportuna, mamá? (Breve pausa. Vuelve a su lío sobre la cama) Pero lo peor es que no llegue, porque todavía tengo que hacer un montón de cosas; tantas, que no sé por dónde empezar ¿A quién se le ocurre poner una boda y de estas campanillas, a las once de la mañana? ¡Al que asó la manteca! Porque hay que estar allí, colocaditos, una hora antes de que lleguen los novios para no estropearles el cortejo nupcial... ¡Claro que con este día! (Va a la ventana y mira hacia arriba, como buscando la luz) ¡Y que no levanta! No sé yo si la tendremos pasada por agua! (Se retira y va hacia el supuesto espejo. Se mira el pelo con decepción. Empieza a quitarse los rulos casi furiosamente y a arrojarlos sobre la cama. Se cepilla el pelo con brío) Tenía que haber ido a la peluquería, pero vistas las cosas, casi mejor: ¡entre la nochecita que he pasado y este tiempo, que también, a oportuno! La boda tenía que haber sido a las seis de la tarde, para que pudiéramos arreglarnos tranquilamente, y sobre todo, dormir, porque con este madrugón, tú me dirás qué cara vamos a tener todos (se mira fijamente en el espejo) que tengo unas ojeras hasta la boca... (Saca unos útiles del armario y empieza a maquillarse. Volviéndose un instante hacia la puerta) ¡Qué te calles, mamá, que no quiero oírte! (Seguirá el silencio) Como mucho, he dormido dos horas. ¡Pero en fin! no voy a quejarme de nada: estar invitada a esta boda ha sido mi consagración social, eso en lo que nunca creíste... (Ha vuelto a dirigirse al interior) Siempre pensaste que tú eras la única de la familia que tenía derecho a un status de campanillas (Se retoca el pelo y vuelve sobre lo dejado en la cama) Pero lo que me pone muy nerviosa a estas alturas, es no saber lo que voy a ponerme... (Cogiendo una pamela un tanto estrafalaria y mirándose al espejo) Dudo entre la pamela, que cuenta ya con dos bodas en su haber, no demasiado gloriosas, lo que yo llamo el gorro frigio (coge un gorro de forma cónica, y se lo pone), lo cual, aunque me guste resultaría un tanto inoportuno por su connotación claramente republicana, tu casquete, mamá, (se quita el frigio, coge un sombrerito gracioso y lo contempla con desprecio), tan ñoño, pero tan exquisito, la verdad, no en vano te costó un huevo, o ir a pelo, haciendo claro alarde del más puro talante democrático. Seguro que no hay nadie que se atreva a ir a pelo: todos serán modelitos carísimos y a cual más extravagantes, (mientras dice esto se intercambiará los modelos) y esta pamela (vuelve a cogerla, a mirarla y a probársela) de grandes almacenes, aunque no está mal, no, no, no está mal, me parece un poco pasada... (Nuevamente hacia el interior) ¡Qué te calles, mamá, qué manía con el casquete! ¡No me gusta, entre otras cosas porque te gusta a ti, y contigo de fondo, no doy pie con bola! (Asomándose a la puerta) ¿Me has oído? ¡Déjame en paz, no seas egoísta! ¡Te he lavado, te he peinado! parece mentira lo coqueta que eres aún a pie de tumba, que estás en las últimas y te he dado todas esas medicinas que, no quiero ser cruel, pero ya no te sirven para nada ¿Qué más quieres? (Se retira de la puerta con gesto de cansancio) Pero tú erre que erre, egoísta, que siempre fuiste una egoísta. ¡Estar yo con estas prisas, con estos dilemas, porque lo del sombrerito es un dilema, y tú, ¡venga a vocear! Sabiendo como sabes, lo que me molestan los gritos. ¡Siempre exigiendo, siempre imponiéndote, como cuando se casó mi pobre hermano, y digo pobre, porque siempre le tuviste mártir, de acá para allá! Lo importante era tu toilette, querías ser la madrina diez, mejor que la novia, a egocéntrica no te gana nadie, y yo, ¡a freír puñetas! y eso que era la hermana del novio y estaba en edad de merecer. (Vuelve a dirigirse al interior apoyándose en el quicio de la puerta) Sí, mamá, era yo quien estaba en edad de merecer y no tú, que por muy incombustible que te creyeras, ya tenías más años que un loro...

(Sigue apoyada en el quicio, y su voz, unas veces se dirigirá al espectador, y otras, las de mayor énfasis, hacia el interior de la habitación) Y yo tuve que sacrificar el tiempo de mi arreglo para ponerte a ti hecha un ídolo digno de veneración, no sé qué te pensabas, que te iba a salir un novio o algo por el estilo, en la boda de tu hijito del alma... o que había que besarte la mano en señal de pleitesía, como si fueras una reina, un papa o un capo de la mafia. Desde luego, más cerca estabas de lo último, porque de reina, ¡nada! Eres una plebeya, aunque siempre te gustó presumir de familia exquisita; de Papa, menos, que eres una impenitente heterodoxa, y una atea ¡ya, ya verás ahora, cuando te mueras, lo que te espera por no creer! ¡Serás capaz de no confesarte, para ser consecuente con tus ideas! En cambio, ¡ya ves! de capo mafioso, sí te veo, que nos has querido organizar la vida a todos, ordeno y mando, pese a presumir de liberal. ¡Todo, menos liberal! ¿Dónde, digo yo, estará tu liberalismo, si eras, si eres una tirana?

Corte. Se retira de la puerta. Va hacia la cama, coge la pamela y se la vuelve a probar. Con aprobación:
Decididamente, la pamela. Es lo que va y lo que se aconsejó. Además pega perfectamente con el vestido. (Lo coge de encima de la cama y se lo superpone) que dicho sea aparte, me ha costado un congo. (Pausa. Se quita la pamela y empieza a ponerse un vestido no demasiado glamoroso ni elegante) ¡Lo que tuve que patear hasta encontrar algo aparente y que no me descolocara de por vida el presupuesto! ¡Todas las rebajas, una a una, todas las boutiques de arriba abajo, y ni por esas! Hasta que al fin di con él cuando ya estaba al borde de la desesperación y del agotamiento, y es que la gente importante no se da cuenta de que con estas invitaciones, te hunden en la miseria, porque ¡claro! no vas a llevar una licra miserable o una seda sintética, y luego

está el capítulo de las firmas, que por cualquier diseño de mierda que no es ni diseño ni nada, te llevan un ojo de la cara y parte del otro. Y sin firmas, no eres nadie. Un paria, un pobre patán. De manera que hay que llevar firma, aunque sea una facha el modelito y tú estés hecha un horror. Pasa lo mismo que con la pintura moderna: no importa que al ilustre artista le haya salido San Antón, la Purísima Concepción o un gato persa. Lo importante es la firma, la rúbrica, el signo. Eso es lo que levanta millones de dólares y no lo que se pinte. Y con la alta costura sucede lo mismo. ¡Un consumo de vómito! Yo, después de quedarme casi sin piernas de tanto patear, encontré esto a medio camino entre lo fashion y lo cutre, ¡pero qué se le va a hacer!

Breve pausa. Se sienta en la cama. Enciende un cigarrillo. Fuma un poco convulsivamente.

... Y luego está el capitulito del regalo, porque ¡claro! No vas a regalar cualquier cosa... no puedes recurrir al dichoso florero, al marquito de plata y a esas memeces por el estilo... Aquí hay que apechugar con ediciones especiales, objetos de arte y la biblia en verso ¡Pero en fin! Aunque me haya hundido el presupuesto, yo, tan ilusionada: ¡esta boda para mí es el no va más, la coronación de mi vida, la salida del anonimato, y todavía más, porque voy con Pepe, y esto es el súmmum! (*Revuelve y empieza ponerse unas medias*) ¡Por Dios, mamá, cállate un poco! Bueno, no sé por qué te lo pido por Dios, si tú no crees... ¿No ves que tengo que concentrarme? ¡Y tú muriéndote, precisamente hoy! Claro que conociéndote, todo puede tratarse de un truco miserable, que sé cómo las gastas: los días más importantes de mi vida, me los has chafado con tus extravagancias: o estabas enferma, o dando conferencias. A las fiestas de mi colegio casi nunca ibas: siempre tenías algo que hacer, algún compromiso profesional, pero ¡en fin! Reconozco que te esforzabas, aunque no lo bastante, pero lo que no te perdono es lo de mi puesta de largo en casa de Marisol. (*Dirigiéndose a la puerta*) ¿Te acuerdas de Marisol? (*Nuevamente centrada en las medias*) Siempre tuvo muchas pretensiones, pero luego se casó con un don nadie; tan don nadie que ni siquiera le han invitado a esta boda, pero entonces yo la admiraba mucho y fue un detallazo por su parte que me dejara ponerme de largo con ella. Tú, es verdad, me compraste un vestido monísimo, aunque a regañadientes (Nuevamente en dirección a la puerta)

Sí, mamá, a regañadientes o al menos no con mucha ilusión, con esa ilusión que hubiera puesto cualquier madre para algo así. Estabas en contra de esas cosas, las llamabas tonterías, superficialidades, ¡yo promoción! (Recalca esta frase) y pese al detalle del vestido, no estuviste en la fiesta, ¡con la ilusión que me hacía! (Con evidente rencor) tenías una conferencia en Estados Unidos ¡Qué pisto te dabas, mamá, con tus conferencias y con tus libros! ¡Siempre pasándome por las narices lo culta y brillante que eras, para que yo me sintiera una inútil, una vulgar, una pobre chica del montón! (Por la media) ¡Mecachis en la mar, me la he roto! Ahora a buscar otro par medianamente sano, no las voy a llevar de distinto color... (Breve pausa. Revuelve, coge otras y las mira al trasluz. Empieza a ponérselas) La brillante, el diamante en bruto, ¡qué diamante! ¡Brillante de ochenta quilates lo menos, eras tú! ¡Sólo tú! Siempre, aparte de egoísta fuiste una asquerosa pedante: sabías más que nadie, eras más inteligente que nadie, lo que tú decías iba a Roma, que parecías un oráculo (mientras va diciendo todo esto se calza las medias a tirones, con rabia, como para resaltar las frases), pero ahora con Pepe (se dirige al interior) te he chafado el asunto de por vida: tu nunca tuviste un novio como Pepe, ni siquiera papá, y papá, tengo que reconocerlo, amores aparte, no era un cualquier cosa... (Breve pausa) No, con Pepe no puedes. ¡Pepe, es mucho Pepe! En cambio con Fede, ¡menuda lata me diste! «Ese chico no te conviene», me decías. ¿Por qué tenías que saber con esa seguridad que no me convenía? Respecto a mí, perdona, pero no puedes opinar, no puedes estar segura de nada: lo que a ti, quizás, te haría desgraciada, a mí no. ¡Somos tan distintas, afortunadamente! Sin embargo, aún no gustándote Fede, ¡bien te reías con él! ¡Bien que charlábais a mis espaldas, con complicidad, diría yo! ¡Anda que si te llega a gustar! y es que a ti, mamá, todos los hombres te parecían bien, que eres una machista impenitente, pero de todas formas, ¡me machacaste! (Breve pausa. Se levanta. Se mira al espejo) En realidad no sé para qué, porque Fede, la verdad, no me hizo ni puto caso. Quien le gustaba era esa sin sustancia de Charo, no sé qué vería en ella, los hombres siempre ven cosas que nosotras no podemos sospechar, pero el caso es que vio, tanto, que se casó con ella en cuestión de meses, dejándome hecha un trapo, la verdad, porque yo, me había hecho ilusiones. Por tanto, mamá, podías haberte ahorrado el trabajo de sermonearme y hubieras quedado bien, al menos discreta, cosa que no eres. (Breve pausa. Con renovados ánimos a la puerta) Ahora también te metes con Pepe,¡cómo no! ¿Pero qué tienes qué decir de Pepe?

¡Moribunda y todo, coqueteas con él, no creas que no me he dado cuenta! Es tu inercia, esa inercia de mujer devoradora, esa inercia que no parará hasta que cierres el ojo. ¡Pobre papá! Tu siempre poniéndole por las nubes, hablando maravillas de él, pero a mí no me la das. ¡Eres una promiscua, no tienes principios ni nunca los tuviste! ¡Ya verás ahora cuando te mueras! Ahí, a donde vas a ir dentro de un cuarto de hora como quien dice, no hay trampa ni cartón: todos vamos con nuestra vida escrita, sin dobles lecturas ni caracteres equívocos. Pero ahora, mira por donde, te quedas con las ganas, porque Pepe es mío y tú ya estás con un pie en el otro lado, bueno, prácticamente con los dos. (Breve pausa, casi metiéndose en la habitación) ¡No protestes, mamá! ¡No estoy diciendo más que verdades como puños!

Transición. Mira con preocupación el reloj.

Y sobre todo, no me distraigas. Ya pasan de las ocho y media y Pepe sin venir. (Coge el teléfono. Marca con decisión) Pepe, ¿qué haces? ¿Dónde estás? ¿Todavía? ¡Tenemos que estar antes de las diez! Pues yo, ¿qué voy a hacer a estas horas? ¡Arreglarme a toda velocidad! Como no te des prisa no llegamos y esto sí que no te lo perdono, con la ilusión que me hace... (Escucha un momento y se asoma un poco a la puerta. Bajando la voz) Bueno, ¡fatal! ¡Menuda noche! ¡Lo que yo te diga! Vamos, creí que se me quedaba... Luego se repone, y a seguir fastidiando, ya sabes cómo es, no tiene ninguna consideración sabiendo lo que tengo encima... ¿Qué dices de la corbata? Te oigo fatal... Hijo, yo te encontraba guapísimo... Bueno, la que sea, pero ¡por favor, espabila, ya sabes lo nerviosa que me pongo, no me tengas en un brete, que me puede dar algo! (Cambiando el tono a otro más tierno e insinuante) Sí, amor, claro que sí ¡guapo, te quiero, un beso fortísimo! ¡Hasta ahora mismo! (Cuelga con gesto de ensimismamiento, para enseguida volver a dirigirse a la puerta) ¿Has oído, mamá? ¡Un beso fortísimo! Cosa que tú ya no puedes dar, porque eres casi un cadáver...Ya no hay besos más que para la muerte...

Pausa. Vuelve al espejo y a su labor contemplativa. Coge un chal y se lo pone por los hombros.

Pues sí, no me queda nada mal... y ahora con el chal y los zapatos, voy de cine. (Se adelanta por el proscenio como si se acercara al espejo para mirarse fijamente) ¡Si no fuera por estas malditas bolsas! Cualquier día me hago la estética y me corto de aquí y de allá, porque yo con un buen lifting quedo para muchas batallas todavía, y ahora que empieza de lleno mi vida social... (Coge del armario una caja de zapatos. La abre y saca con mucho cuidado, como si se tratara de una joya, unos zapatos de fiesta) Los zapatos son un amor. En comparación, más caros que el vestido. ¡Pues no me recorrí pocas zapaterías! ¡Casi un mes buscando hasta que di con ellos! Tenía que encontrar el tacón exacto, el punto justo entre la elegancia y lo sexy, sin renunciar a ninguna de las dos cosas,¡y mira qué es difícil! Porque si te pasas de sexy, la has cagao, y más en una ocasión como ésta... Todo, menos ir dando el cante... Vi algunas sandalias divinas, pero no me parecía adecuado ir con los dedos al aire, y más con este juanete tan antiestético que tengo. Tenían que ser abiertos por detrás, pero cerrados por delante. (Exhibe uno de los zapatos que responden a estas características) Lo que acabo de decir: a partes iguales entre la distinción y lo exquisitamente femenino. (Esto último lo ha dicho con voz ñoña, como si no creyera mucho en ello. Se sienta en la cama. Se los pone y contempla con cierto narcisismo) Elegantes, por delante, estrechitos y puntiagudos; sexys por detrás, con su tacón de aguja sabiamente proporcionado, que no parezca que vas de puntillas o en difícil equilibrio, y más yo, que no soy alta, y abiertos, para que se vea bien el tobillo y el inicio de las piernas, que a decir verdad, las tengo bastante potables...

(Alza las piernas. Exhibición de éstas y de los zapatos. Luego se pone de pie y los contempla en el espejo por delante y de lado) ¿Seis, siete centímetros? La verdad es que las cosas se ven diferentes desde esta altura... Lo que pido al cielo es que no me muerdan, porque la jornada va a ser de aúpa, maravillosa, pero de aúpa, y todo es posible en este mundo traidor, pues encima yo tengo unos pies delicadísimos. ¡Tendría gracia que a pesar de lo caro, me hicieran daño!

Breve pausa. Vuelve a la operación del maquillaje que dejó interrumpida. Para sí:

¿Cómo irá la novia? ¡Monísima, seguro, con cualquier cosa que se ponga, pero es que además no será cualquier cosa... ¡Menudas firmas y menudos joyones! ¡Si no los lleva ella!

¡Ya la querría yo ver con mis tacos a cuestas y mis modelitos de andar por casa! El vestido será una maravilla, seguro, y no esos que he tenido que ver hasta ahora. Todos los vestidos de novia de mis amigas, incluido el de Marisol, de quiero y no puedo. Pero ¿qué se puede esperar, si son todas unas cursis, gente de medio pelo? Y tan de medio pelo: por eso ninguna va a esta boda. ¡Si lo que a mí me ha sucedido es un milagro! (Vuelve a dirigirse a la puerta) aunque tú, mamá, tampoco crees en milagros, pero a veces existen, y la prueba es que yo voy y ellas no, lo cual es una satisfacción más. Yo diría que casi, casi, la mayor. Si mis amigas fueran, no me haría ni la mitad de ilusión. Pero, ¿cómo van a ir, si son como son, si he tenido siempre unas amistades de lo más vulgar? y eso, mamá, que te preocupaste de que fuera a un buen colegio. Bueno, lo de buen colegio, lo cacareabais tú y papá, porque papá decía amén a todo lo que tú decías, pero el colegio de marras, aunque enseñaban bien, he de reconocerlo, no era precisamente la crême de la crême. Era un colegio popular, público, como a ti te gustaban. Tú amabas lo público, con esa vulgaridad que te caracteriza, y papá, por seguirte la corriente, el muy calzonazos, también. ¡Qué iba a decir el pobrecito, si le tenías sorbido el seso! (Breve pausa) Tú considerabas que un buen colegio era aquel en el que los profesores enseñaban bien, el que se preocupaba de los conocimientos, de las lecturas, de la preparación para la vida... Pero yo entiendo que la preparación para la vida es otra cosa: por mucho que sepas, si no tienes amistades adecuadas, no hay nada que hacer, al menos en este país. Yo hubiera preferido ir a un colegio bien, aunque enseñaran mal. Fíjate mamá que digo bien y no bueno. ¡Bien! Donde las niñas tuvieran maravillosas casas, criados y coches de lujo. ¿Con quién trataba yo, mamá, en aquel colegio bueno, tan ensalzado por ti? Con gente corriente y moliente, de todo pelaje, esa gente que tiene que sudar un huevo para abrirse camino. Tú, con tu particular clarividencia, decías: «los niños tienen que tratar con todo tipo de gente». Ése era tu lema, tu máxima teoría pedagógica: la mezcla, el barullo, la confusión. Eso, la confusión. Como la que tengo ahora.

Pausa. Coge un cigarrillo. Busca el mechero por todas partes, incluso debajo de la cama, y puede decir algo al respecto. Finalmente enciende con una cerilla. Aspira con intensidad. Vuelve a mirar el reloj, va rápida al téfono y marca.

Pepe, ¿dónde demonios estás? ¿Todavía? ¡No puede ser, luego dicen de las mujeres! ¿Qué quieres, que me dé un infarto? Es que me pongo de los nervios, lo sabes, y más en una ocasión como ésta... No, no te rías, parece que lo haces adrede, como mi madre... (Buscando nuevamente por la mesilla y por la cama) Oye, ¿por casualidad me dejé el mechero en el coche? Sí, el Cartier... Míralo, por favor, no lo veo por ningún sitio... ¿Cómo no me voy a preocupar si me lo regalaste tú? Sí, ya sé que no puedo fumar, no te preocupes, que sí... Que sí... Ya sé que es malísimo y además antiglamour y síntoma de plebeyez... El tabaco, dicen, es el escapismo de los pobres, de los incultos y todo eso, ¡en fin! Por decir que no quede, pero no puedo dejar de fumar y más cuando estoy nerviosa y en estos momentos estoy de atacar... Prométeme que te darás prisa, que no me tendrás en ascuas, como acostumbras... Y no te olvides de las invitaciones... ya, ya, ¡pero a veces gastas unos despistes! Que sí, por mí no hay problema: solo pintarme y salir pitando... ¡Hasta ahora! (Cuelga) ¡Cómo voy a dejar de fumar si me pone estresadísima! Y además, que es dificilísimo y yo no tengo fuerza de voluntad, y no tengo fuerza de voluntad porque no me da la gana tenerla:

¡todas mis amigas que lo han dejado se han puesto como cetáceos! Y a mi edad perder el tipo es todo un cataclismo. ¡Madura y gorda! ¡Lo que me faltaba! (Fuma con delectación. Breve pausa. Nuevamente a la puerta) La culpa del tabaco, perdona, pero también la tienes tú, mamá. Ya sé que tu no fumas, bueno ahora es obvio, que nunca fumaste, nada más que ese pitillo necesario para quedar bien, porque antes se quedaba bien ¡ya ves qué cambios! No como ahora, y toda mujer que pretendía estar al día y ser mínimamente elegante, tenía que echarse unas caladas... Pero tú lo justo, no como papá, que era una chimenea. Tú, lo justo, ¡cómo no! ¡Todo controlado! ¿Cómo podías hacerlo para fumar esos cuatro o cinco como máximo y no entrarte una ansiedad de caballo? ¿Cómo podías mantenerte en esa línea, en esa barrera que todos acaban saltando, en ese filo de la navaja entre lo chic y el enganche? Yo pienso que porque no te gustaba. No podía ser de otra manera. Tú te controlabas en todo porque nada te gustaba de verdad: ni fumar, ni comer, ni beber... ¡Yo pienso que ni follar, mamá! (Breve pausa) Tú podías pasarte sin nada. Eras un espíritu puro. ¿Qué se puede esperar de un ser que no tiene ninguna debilidad, ningún vicio? ¡Es antihumano, mamá, completamente antihumano! Y así, mientras tu consumías cigarrillos asépticamente, sin engancharte, yo me enviciaba cada día más. ¿Por qué no me lo prohibiste, si sabías que era malo para los pulmones y para el cutis, o es que no te importaba mi cutis? ¿Por qué? ¡Pero claro, a ti no te gustaba prohibir, sino aconsejar, dejar todo al libre albedrío de cada uno, esa estúpida teoría, y con ello me humillabas todavía más: ponías en evidencia mi debilidad, el estar hecha de una pasta bastante más mediocre. ¡Libre albedrío! ¡Sí, sí! ¡Sobre todo, libre, con lo mediatizados que estamos! Hay que prohibir, mamá, hay que prohibir! Si yo hubiera tenido hijos, les habría prohibido casi todo. Mejor acostumbrarles: vivir, es una prohibición permanente.

Sale un momento por la puerta de la derecha rumiando cosas ininteligibles, para volver enseguida con una bandeja y un servicio de café. Lo dejará encima de la mesilla, se servirá y beberá después de agitar nerviosamente la cucharilla.

¡Es como lo del café! ¡Todo el día con el dichoso café! Sí, tengo que reconocerlo: soy una adicta al café. A otras cosas, no, la verdad, me dan un miedo atroz, pura cobardía, que si te descuidas te quedas tiesa o con el hígado hecho polvo... Otras cosas, ¡no! ¡Pero café y tabaco! Tabaco de todas las marcas, y hasta puros, si no encuentro otra cosa, y café en todas sus variantes: con hielo, solo, con leche, cortado, capuccino, americano... ¡de cualquier manera! (Breve pausa. Hacia la puerta) A ti tampoco te gustaba el café. Tú eras del té. Di, mamá, ¿a que tampoco te gustaba el café?

¡No te digo! A ti no te gustaba nada, no tenías adicción a nada o lo disimulabas muy bien... Lo único a lo que tenías adicción era a los libros, pero da la casualidad que eso no es censurable sino que se considera mérito. ¡Ya ves! Hasta tus adicciones eran meritorias, que parecías Doña Perfecta. Tu eras, mamá, lo que llamaban los clásicos una mujer fuerte, para jodernos más a los pobres mortales.

(Se levanta, da unos paseos por la habitación. Se toca los pies con gesto de fastidio y por los zapatos) ¡No, si todavía me van a hacer daño, los muy cabrones, después del peregrinaje que me costó encontrarlos, que me patee todo Madrid y parte del extranjero, y de lo que me costaron, que esa es otra: ¡doscientos trece euros nada menos!

¡Doscientos trece de mis entretelas! ¡Tenía que acabar la cifra en trece para mayor inri! Cuando vi el precio me quedé petrificada con ellos en la mano, sin saber qué hacer, bueno tirarlos lo más lejos posible para evitar tentaciones, pero finalmente me los compré después de un momento de vacilación, de esos momentos en que el sentido práctico y el del honor, eso que ya no se lleva, estuvieran en juego. Porque de eso se trataba: del honor. No podía decir que no: en primer lugar, porque era la boutique que me había recomendado mi jefa, una elefanta que habla ex-cátedra en materia de marcas, modas y pedigree. ¡Doscientos trece euros de mi vida, cuando a mi cuarenta para unos zapatos ya me parecen mucho! Y la culpa de que me parezcan mucho cuarenta euros la tienes tú, mamá, como de casi todo, por haberte empeñado en que mirara el dinero, ese fruto del trabajo, decías, en que no me dejara seducir por las falsas apariencias... ¡Falsas apariencias! En este mundo, mamá, todo son falsas apariencias. Sólo existe de verdad el hecho de nacer y el de morirse, y para eso también con su parafernalia, y si no sigues el juego, ¡caput! (Breve corte) No, mamá, no se puede ir a pecho descubierto, jugando con todas las cartas a la vista, con la sinceridad a flor de piel... Eso, perdona que te diga, es suicida... Hay que envolverse en falsas apariencias y cuanto más falsas, mejor. ¿Qué conseguiste tú en toda tu puta vida de trabajo, valiendo como valías, eso, la verdad, tengo que reconocerlo? ¡Pues trabajo y nada más! Sí, ya sé que eras casi, casi, una notabilidad, pero te faltó el casi, y ese casi es el todo. ¡Qué no me deje llevar por las apariencias! ¿En qué planeta vivías, mamá? y digo vivías, porque lo que tú haces ahora es vegetar, ultimar de manera nada gloriosa ese tramo del «largo camino hacia la noche», que esperemos, no se te ocurra traspasarlo hoy, con todo lo que tengo que hacer. (Breve pausa. Nuevo sorbo de café y calada de cigarrillo) Pues sí, te equivocaste, mamá de medio a medio. Hoy día, y pienso que a lo largo de eso que llamamos historia, los únicos que de verdad han vivido, los que se han llevado el gato al agua, han sido los amantes de las apariencias: los exquisitos, los glamorosos, los exigentes, los fashions, los que no se conforman con cualquier cosa, los que luchan por el aquí y el ahora, los que en resumidas cuentas no miran el precio de unos zapatos. Yo sí, yo sí los miré, y por tu culpa me quedé a punto de no comprarlos, pero finalmente me lancé como si se tratara de un principio, de una cuestión de honor. Me dije: si no eres capaz de comprarte para esa boda, para esa ocasión única y excepcional unos zapatos como éstos, es que eres una mediocre total, una pobre chica que no tocará nunca el triunfo. Y me decidí, aunque en aquel momento la decisión me saliera del páncreas, del hígado, de la bilis y del intestino grueso, de lo que tuve que violentarme. Me decidí porque en primer lugar, como te dije, fue la boutique que me recomendó mi jefa y en segundo, porque tenía que chafar a esa dependienta con tanto estilo y que me miraba perdonándome la vida, convencida, la muy estúpida, de que nunca podría ser clienta suya. Nada más entrar ya me había echado un vistazo de arriba abajo escéptico y totalmente despectivo, como diciendo

¿qué hace ésta aquí? Cuando le dije que me los llevaba, se quedó de un aire, casi descompuesta la tía, del chasco que se pegó. (Breve pausa. Sonríe con cierta malévola expresión) Sí, mamá, en las tiendas carísimas, te desnudan nada más te echan el ojo. En un momento calculan lo que llevas encima, y de acuerdo con la valoración, te sonríen abiertamente o te ponen cara de un asco moderado. Yo, casi siempre he recibido esta última acogida. Por eso, tenia que comprar estos jodidos zapatos aunque digas que es una barbaridad: por mí misma, por esa dependienta estúpida y por mi jefa, para que cuando al día siguiente me preguntase con esa cara de asco camuflada de falsa amabilidad que me dispensa, si había encontrado lo que buscaba, yo pudiera contestarle: sí, por supuesto. No sabes cómo te lo agradezco, es una tienda maravillosa... No sé si dije espectacular... Ella dice mucho lo de espectacular, aunque no venga al caso, y me he comprado unos zapatos ideales ¡Ya pueden serlo, demonio! Ella dice mucho también lo de ideales. Todo, según ella es ideal, espectacular y maravilloso, y es que antes muerta que sencilla. (Breve pausa) Mi jefa, lo noté, se quedó de piedra, casi tanto como la dependienta, al verme toda triunfal derrochando euros, y no con esa cara de perrito apaleado que esperaba ver, y que suelo lucir. Y yo, ante su desilusión, desolación casi, noté que ascendía vertiginosamente de categoría, y que de pronto, ya no la consideraba mi jefa, sino mi igual. ¡Qué digo mi igual! Ella ya no era jefa ni nada. Era un simple gusano sugerente.

(Golpeándose el pecho en plena autoafirmación) ¡La jefa era yo, que podía comprarme unos zapatos de doscientos trece euros, y que además, estaba invitada a LA BODA, la boda con mayúsculas, mientras ella no tenía otra salida que verla por televisión, como todo el mundo! Y todo gracias a Pepe. ¿Has oído, mamá? ¡Gracias a Pepe, aunque a ti, lo sé, no te guste, como no te gustaron nunca ninguno de mis novios ni de mis amantes! Pero aunque no te guste, o quizás por eso mismo, soy la compañera de Pepe. Bueno, tú que siempre presumiste de culta, dirías... (Burlona) ¿qué dirías, qué apelativo darías a nuestra relación? ¿Qué soy de Pepe, según tú? ¿Coima, barragana, querida, amante, puta, compañera sentimental? ¿Qué soy, quieres aclarármelo? Lo de compañera sentimental ya sé que no te gusta, que te parece inexacto, vulgar e inadecuado. En eso, ¡ya ves! te doy la razón por una vez. En lo único. En realidad, la mayor parte de los llamados compañeros sentimentales, no tienen nada de compañeros del sentimiento. De eso, muy poco, por no decir nada. ¡Compañeros sentimentales! ¡Qué bonito sería! Demasiado para ser cierto. En todo caso, compañeros carnales. ¡Eso sí!

¡Carnales, mamá, porque todo lo que no es ayuntamiento carnal, como tú dirías, tan académica siempre, no les interesa! ¿Sentimientos? ¡Cero! ¡Compañero sentimental! ¡Menudo engaño! ¿Qué tendrán que ver las churras con las merinas? ¿El sexo con el sentimiento? ¿O sí? ¿O todo es en resumidas cuentas lo mismo?

Corte. Se vuelve a servir café y a tomárselo después de agitar convulsivamente la cucharilla.

Según eso, yo no soy la compañera sentimental de Pepe, sino la coima de Pepe, la barragana de Pepe, la querida de Pepe, la manceba de Pepe, la mantenida de Pepe, bueno, eso menos, la ramera de Pepe, la querida de Pepe... (dicho esto en tono ascendente entre la pena y el reto) ¡Qué no, qué no me callo, mamá, y no chilles! ¡Sí, sí, la puta de Pepe o llámalo como se te antoje, pero gracias a él, y sólo gracias a él, voy a sentarme en la catedral al lado de la Epístola!

(Breve pausa. Cambiando de tono) Yo hubiera preferido la del Evangelio, donde se van a sentar todas las testas coronadas, pero en fin, algo es algo, porque ese bendito lado de la Epístola y pasar con Pepe por la alfombra roja, es mi consagración social, aunque no me case.

(Nuevamente chillando hacia la puerta) ¡Qué te calles, mamá y no me interrumpas! Sí, de acuerdo, la barragana y la puta, pero a una altura, que tú, pese a tus encomiables esfuerzos y todo tu sacrosanto matrimonio, no pudiste lograr. (Pausa) Ya sé que me reprochas que Pepe no se case pudiendo hacerlo, porque Pepe está divorciado, ¿o viudo? ¿o ambas cosas a la vez? Nunca me acuerdo de cual es el verdadero estado civil de Pepe, pero lo que sí sé, es que está libre y que además, no tiene hijos. Entonces, ¿por qué no se casa Pepe? ¿Por qué no te casas, Pepe, hijo de la gran puta, si puedes, y además eres mayorcito? Bueno, no te saldrá de los cataplines, no veo otra explicación, ¡qué le vamos a hacer, hay que admitir las cosas como vienen! y si te digo la verdad, no me importa en absoluto. (Nuevamente hacia la puerta)

¿Te enteras, mamá? ¡No me importa en absoluto que Pepe no se case! Estamos en una sociedad libre y yo puedo pasearme de su brazo por la alfombra roja, delante de todo el país, pese a ser su coima, su barragana, su querida y todo el *sursum corda* que se te antoje. ¿Y todo por qué? Porque sé vivir y me sacudí de encima todas esas pamplinas, cosa que tú, perdona, nunca supiste.

¡Siempre del brazo de papá! Que sí, reconozco, era bastante potable y elegante, mucho más guapo y más elegante que tú, pero con un sueldo relativamente modesto: los dos como dos vulgares burgueses, sacándonos de paseo y llevándonos la merienda al parque... Toda la vida quietecita, a su lado, esforzándoos según tú por sacarnos adelante, sólo según tú, porque adelante, lo que se dice adelante, me ha sacado Pepe, como el matrimonio casi perfecto, que perfecto, lo que se dice perfecto, no debe haber ni uno. Pero ¡ya ves! ¡a mí no me la das! Yo no creo que hayas estado tan enamorada de papá como decías, a pesar de lo guapo y de todos los etcéteras, como yo de Pepe. Vamos, ¡qué no! Una librepensadora, una heterodoxa como tú no puede cumplir debidamente con su matrimonio, porque entre otras cosas, nunca creíste en el matrimonio. ¡Qué te calles, mamá, y no me repliques! ¡No creíste! No lo decías porque quedaba mal y tú guardabas las apariencias, pero lo sé, lo intuyo, estoy segura. ¡No crees! (Golpeándose el pecho en autoafirmación) ¡Yo sí, yo sí creo, aunque no esté casada, porque, entre otras cosas, soy mucho más conservadora que tú, lo que tú nunca serás ni aún muerta, y aunque te falte tan poco como te falta, que a estas alturas ya podías reflexionar! Lo que te pido es que no sea hoy, ¿oíste? ¡Muérete cuando quieras, menos hoy, porque no pienso hacerte caso! ¡No empieces con tus monsergas y tus angustias! La vas a palmar, mamá, eso fijo, te pongas como te pongas, pero eso sí, después de la boda, de LA BODA con mayúsculas. Hoy, prohibido morirse.

Corte. Vuelve sobre su arreglo para interrumpirlo cada dos por tres para dirigirse a la puerta.
¡Qué ibas a creer tú en el matrimonio! ¡Ni en el matrimonio ni en nada! Tu vida ha sido una gran mentira, una gran farsa. ¡Ya, ya verás ahora, cuando te presentes ante la justicia divina! Ahí, ahí, no valen disimulos, no hay trampa ni cartón. Nos presentamos desnudos, sin posibilidad de camuflaje. ¡Qué ibas a creer! ¿Por qué entonces tanto hablar de independencia, de espacios, de respeto a la labor de cada uno? Todo eso es una falacia, como todas las que me has largado. En el matrimonio no puede haber independencia, ni espacios, ni memeces. En el matrimonio, si de verdad crees en él y estás dispuesta a que dure, hay que joderse, mamá. Esa es la única regla, el sempiterno código, y todo lo que tú decías sólo se dice cuando uno quiere seguir siendo la cabra que tira al monte. Tú, mamá, eras un estado dentro del estado del matrimonio, y en cuanto a estar enamorada de papá... ¡Una higa! (*Yendo hacia la puerta y asomándose por ella*) ¿Por qué, entonces, estabas tan serena el día que se murió y los días siguientes? Si le hubieras querido tanto, como te llenabas la boca, hubieras sido una viuda inconsolable, sin capacidad de reacción, paralizada por la pena, pero nada más lejos de ello. Te recompusiste enseguida y hasta volviste a estar guapa, según algunos, que guapa, lo que se dice guapa, nunca te vi. Tú eras la mujer fuerte, la Agustina de Aragón de la viudez, la entereza en persona, yo hasta diría, la alegría en persona, porque todo lo que no es desesperación, es alegría. «No me gustan los aspavientos ni los dramas», decías. Eso se dice muy bien, cuando no se quiere, cuando sólo se quiere uno a sí mismo,¡egoísta, que eres una egoísta! Pero a mí me pasa lo que a ti, yo me quedo sin Pepe, y ¡vaya! Me tiro al metro en la hora punta para mayor publicidad! Un suicidio entre democrático y chic. Tú, sin embargo, nunca te tirarías al metro, ni al tren, ni de un octavo piso... No, ahora ya sé que no, que no puedes moverte... Ahora habría que tirarte, sino antes, cuando estabas bien espabilada y coleando. De haber querido a papá como yo quiero a Pepe, no te habrían faltado ganas... Pero tú no. Siempre tan entera, tan impasible ante la desgracia, tan heroína sin par, como cuando se murieron

los abuelos y ese hermano que querías tanto. Tú no. La pena, decías, se tiene que tratar con pudor. Todos los sentimientos deben tratarse con pudor. Muy bonitas palabras, sí, ¡pero mentira, todo mentira! Como casi toda tu vida. En el fondo, lo sé muy bien y aunque intentes disimularlo, eres una histérica y una desequilibrada, porque esa contención tuya también es patología, también es desequilibrio. ¡Qué te calles, mamá, no chilles, que me rompes los tímpanos! ¿Lo ves como tengo razón y eres una histérica?

Corte. Coge nerviosamente la cajetilla, enciende un cigarrillo empieza a dar vueltas como un animal enjaulado.
Recuerdo aquella faena que me hiciste... Pero esta vez no, no me haces morder el anzuelo. Sabías la ilusión que tenía por aquel viaje... El invierno había sido larguísimo: no hizo más que llover y un frío... Tenía ese invierno metido en los huesos... Y tú sabiendo lo que necesitaba largarme al Mediterráneo a empaparme de sol, te pusiste enferma, haciendo gala de tu oportunidad habitual o de tu mala leche, que uno no sabe ya... Ya, ya sé que no te pusiste de pronto: estabas mala desde hacía tiempo, ¿o eras mala, mamá? No es lo mismo ser que estar, pero ¡bueno! Admitamos que ya estabas mala, enferma, quiero decir, eso dijeron los médicos. Tan enferma y tan mala, que ya no había nada que hacer. Pero yo no podía renunciar a aquel viaje después de ese interminable invierno y además me daban náuseas nada más entrar en aquel hospital y en aquella sección de desahuciados. No podía, mamá, créeme, me era imposible... Me pasó como aquella otra vez, cuando tenía diecisiete años y me habían invitado a aquel cumpleaños que me hacía tanta ilusión porque iba Rafa, ese chico de la pandilla parecido a Rock Hudson que me gustaba tanto, no como Pepe, no, tampoco hay que exagerar, pero me gustaba. El día anterior él me había dicho de una manera bastante insinuante o a mí me lo pareció: «nos veremos mañana, porque irás, ¿no?» Y ese mismo día, ese mismísimo día a ti se te ocurre ponerte con aquel fiebrón... Tú en cama, toda congestionada, papá trabajando, y Rafa esperándome... ¿Qué podía hacer? Pues marcharme. Te di una aspirina y me fui. No me lo reproches. Tu misma me lo decías: «sí, hija,

vete, no te preocupes, ya estoy mejor», aunque quizás lo dijeras por decir, con voz de falsete, con rencor, con una hipocresía tan grande como la fiebre, para dejarme mal, como acostumbras, porque a ti siempre te gustó dejarme mal.

(Pausa. En tono más grave) En el hospital no te di ninguna aspirina, eso ya no te servía para nada, era el chocolate del loro; ni la aspirina ni ningún remedio al parecer, pero también me marché. ¿Qué podía hacer si todo era inútil? ¿Para qué iba a esperar? Y la verdad es que acerté. ¡Menudo si llego a quedarme! (Breve pausa) Mientras duró el viaje, no te pasó nada...ni siquiera empeoraste gran cosa... Yo me decía: que no se muera ahora, que espere, que no se muera todavía, que pueda terminar sin complicación mis vacaciones ¡por favor, las necesito tanto! Y no te moriste aquellos días, es verdad. Hasta ahí, cumpliste. (Acusadora y asomándose por la puerta) ¡Pero lo hiciste nada más! ¡pisé el aeropuerto, ¡nada más pisarlo, Dios mío, te faltó tiempo! ¿No podías haber esperado a que llegara al hospital? ¿Tanta prisa tenías en irte de este mundo? ¡Era cuestión de un par de horas, como mucho, y podías haberme evitado la mala conciencia, podías haberlo retrasado por mí, pero tú, con esa mala intención y esa oportunidad que te caracterizan, ni eso me ahorraste, egoísta, que eres una egoísta y querías vengarte y que se me atragantaran de por vida aquellas vacaciones!

Corte. Aplasta casi furiosamente lo que le queda del cigarrillo en el cenicero, y enciende otro.

En un tono mucho más desenfadado: ¿Pero qué estoy diciendo? ¡Qué te ibas a morir! ¡No tuve tanta suerte! Si te hubieras muerto aquella vez, no hubiera tenido que aguantarte todos estos años. Si de verdad te hubieras muerto, habría tenido mala conciencia, sí, lo reconozco, tú estuviste a mi lado en todas las enfermedades, que dicho sea de paso, fueron un montón, pero habríamos terminado de una vez, cruz y raya, y no que sigo mártir de tus lamentos y tus exigencias, ¡porque a exigente, no te gana nadie! ¡Bien me vas a hacer ganar la gloria, esa gloria en la que no crees! (Breve pausa) Tu hijito del alma, ese que según todos te quiere mucho más que yo y que me mira como si yo fuera un monstruo de la naturaleza, estuvo contigo, de principio a fin, jodiéndose las vacaciones, con tu nuera, esa chica que también, según todos, te quiere más que yo, y que se atreve a mirarme con reproche de niña buena. La culpa la tuvo ese médico de pacotilla, que no se aclaraba ni a la de tres: (parodiando al médico) «puede suceder de un momento a otro, no lo niego, pero también alargarse...» ¡Y claro que se alargó! ¡Para qué contar la tabarra que me has seguido dando! Todo son ganas de fastidiar, de hacer teatro; a ti, mamá, siempre te gustó el teatro, para mayor inri lo escribías, sin éxito, pero lo escribías, y te crees que todo es escena. ¡No, mamá! no estamos en escena ni representando otra cosa que la vida, y por eso no me perdí el viaje como no pienso perderme la boda, te pongas como te pongas, ¿me oyes? (Alzando la voz) ¡Te pongas como te pongas! (Transición. Mirando el reloj y bajando el tono) Y Pepe sin venir. ¿Qué demonios estará haciendo?

(Coge el teléfono y marca) Pepe, ¿pero dónde estás? Es tardísimo. ¿No te das cuenta de la hora? Lo dijeron bien claro: ahí a las diez. Tenemos el tiempo justo... Sí, yo ya estoy arreglada. Pintarme los labios nada más... ¿Qué todavía? ¿Pero qué tienes que hacer aún? ¿Es que no sabes lo que es la puntualidad? Siempre me haces lo mismo... ¡No, no imposible! ¡Vamos, que no! ¡No digas disparates, Pepe! ¿Cómo voy a ir a tu encuentro con este vestido, la pamela, estos zapatos que a pesar de todos los pesares me están matando... ¿Qué calles dices que están cortadas? ¡Ni que Madrid estuviera en estado de sitio! Que no, Pepe, que no, que yo no me cojo según voy ningún autobús, y menos el metro, que no... ¿Y quién llega hasta allá en taxi, si todo está tan controlado como dices? Además, que no. Tenemos que entrar juntos, ¡juntos, Pepe! me hace muchísima ilusión... no, no... Yo te espero aquí. De acuerdo. En el portal. Dentro de cinco minutos, ni uno más, si no, me pongo malísima. ¡Cinco! ¿Eh? ¡Ni siete, ni diez, ni un cuarto de hora como acostumbras, porque no llegamos! ¡cinco! (Cuelga) ¡Qué ideas más peregrinas tiene Pepe de vez en cuando! ¡Qué vaya a su encuentro en un día como hoy con estas trazas! Lo de esperarle en el portal tampoco me gusta, de esta guisa puedo parecer una furcia esperando clientes, pero lo comprendo: aparcar en esta calle es toda una aventura. (Se pinta los labios y se retoca el peinado. Vuelve a colocarse la pamela. Ensaya con el chal) La verdad es que el vestido me cae muy bien, ni pintado, gracias a que conservo el tipo a base de penitencias... Bueno, también influye la genética. Mira por dónde mamá, eso te lo tengo que agradecer: Tu llegaste delgada hasta el final... La mayor parte de las pre y menopaúsicas que conozco están como baúles, y es que las decepciones, ¡y hay que ver todas las que ya vamos acumulando! Las compensan comiendo. Las gorduras están en razón directamente proporcional a los fracasos, aunque no estoy tan segura: hay gordos geniales, y tú, mamá, te conservas delgada a pesar de tu fracaso. Sí, fracasaste, mamá, ¡claro que fracasaste! Querías haber sido Premio Nobel, lo menos, y ya ves en lo que te quedaste: cuando te mueras, en una reseña de andar por casa, y a lo mejor, ni eso... (Breve pausa. Mirándose el chal) El chal es un amor, y eso que me salió baratito. En los chales se puede meter más gato por liebre, y el bolso, (lo coge) es una monería, aunque un poco pequeño, ni siquiera me caben las gafas, y sin ellas me voy a quedar in albis de la ceremonia; claro que luego lo veré con todo detalle por televisión, que pienso grabarlo, no se me olvide... (Coge una cinta y la introduce en el video. Programa) Ya está listo. Ahora por partida doble, y si salgo, cosa muy probable con lo conocido que es Pepe, lo veré tropecientas veces... (Nuevamente en pie, vuelve a mirar el bolso) Sí, una monada y una ñoñería antipráctica. La verdad es que hay cosas para las mujeres bien absurdas: aquí no se puede meter nada... (Se da los últimos retoques y se pone las joyas. Con mediana satisfacción) pero en fin, todo todo bien, y los aderezos muy propios. Bisutería sí, pero buenísima. Para llevar perlitas de mierda o anillitos horteras, mejor bisutería, y además no me queda otro remedio. Pepe, por muy Pepe que sea y con el dineral que tiene, no ha sido capaz de regalarme ni un puto brillante... Tampoco puedo heredar ninguno, porque a ti, mamá, siempre tan rara, no te gustan las joyas. ¡Hasta en esto me fallaste! de haberte gustado, yo podría heredar ahora una bonita colección, como la que tiene mi amiga Marita, que luce como un ídolo, pero ni siquiera tuviste ese detalle. Sí, mamá, para que te enteres: ¡a mí sí me gustan las joyas! Yo no soy como tú que desprecias todo lo que de verdad da prestigio... Tú, haciendo alarde de esas ideas tan raras, decías que el prestigio es otra cosa. ¿Qué otra cosa, mamá? Pero está visto que mi futuro nunca te importó. (Breve pausa) ¡En fin! ¡Qué le vamos a hacer! Las cosas son como son y habrá que pechar con la bisutería, apechugar con la mentira de la piedra. Otra más. Todo es una gran mentira, mamá, aunque sea piadosa. Como el tinte para quitarnos las canas, las lentillas, los dientes postizos, las sonrisas innecesarias, los deseos de agradar... ¡Todo mentira! Menos aquel hospital y aquel viaje fantasma. (Esto último lo ha dicho con desaliento para enseguida reponerse. Con nuevos ánimos) A pesar de todo, ¡bien! ¡todo bien, correcto! De diez. Lo de diez quizás sea exagerar un poco, pero ¡vaya! Más que pasable, lo justo para no desentonar entre todos esos bellezones aristocráticos... Bueno, lo de bellezones, no tanto, ¡hay cada espanto infiltrado en el Gotha! (Se echa perfume. Vuelve a mirarse) ¡Lista! Me voy. ¿Oíste, mamá? No se te ocurra chillar ahora porque nadie te va a oír. Me voy a sentarme en la catedral al lado de la Epístola; tú dirás que es mejor la del Evangelio, sólo por quitar mérito, y todo gracias a Pepe, ese que no te gusta ni poco ni mucho, porque entre otras cosas no se casa. ¿Por qué no te casas, Pepe? Pero ¡ya ves! Aunque no se case, me invita a la boda del siglo, esa que tú, de vivir, no podrías ni oler. He dicho de vivir, porque aunque todavía estés presente, estás casi muerta, y eso, como decía aquel médico, puede suceder en cualquier momento. Menos hoy. Hoy no, ¡oíste, mamá! (Con rotundidad) ¡Hoy no! Prohibido morirse o hacer teatro para chafarme la fiesta. Quietecita hasta cuando yo vuelva, que entre otras cosas, no sé cuando será. Ni un ¡Ay!

Después de haberse mirado al espejo con aire triunfal, sale. La escena quedará en silencio. Se oirá, tenuemente, el tic-tac de un reloj in crescendo hasta hacerse molesto.

Al poco tiempo, LA HIJA vuelve a entrar. No tiene aspecto derrotado ni nada que se le parezca. Recorrerá la habitación estirada, como si estuviera desfilando y volverá a mirarse al espejo. Luego se sentará en la cama muy colocada, con la espalda muy recta, como si estuviera asistiendo a una importante ceremonia.

HIJA: (Casi triunfal. Se diría que de verdad está donde dice estar) ¿Lo ves mamá? ¡En el lado de la Epístola! ¿Te enteras, mamá?

(Pausa. Poco a poco se va aflojando, como si la realidad se fuera imponiendo) ¡Y Pepe sin venir! Siempre se escabulle en los momentos claves y he tenido que hacer el paseíllo yo sola. Eso, el paseíllo como los toreros. La vida es un ruedo, aunque sea antitaurino. Torero y toro. ¿Cuál de los dos representa a la vida? ¿El torero engañando con la muleta o el toro embistiendo? (Pausa. Coge un cigarrillo y lo enciende) ¡Y Pepe sin venir! (Echando la primera bocanada de humo) ¡Y luego pretende que no fume, con lo nerviosa que me pone esperar!

Pausa larga. Se incorpora y enciende la televisión. Se oirán algunos comentarios sobre la comparecencia de algunos significados invitados a la boda del Príncipe de Asturias. LA HIJA se sigue aflojando. Todo su empaque anterior, se desvanece. Es como si se arrugara por dentro. Hace un mohín como si fuera a llorar. Quizás llore momentánea y discretamente. Entre la reconvención y la entrega, el rencor y la aceptación.

HIJA: Está visto, que no se puede contigo: al final, mamá, siempre te sales con la tuya.

Se irá haciendo lentamente el oscuro.

Sólo la puerta entreabierta quedará tenuemente iluminada.

§

Fin de: «LA BODA»

DE PELÍCULA

Todo lo que le puede pasar a una mujer en una mañana

(Comedia en dos actos)

Personajes

MARTA

~

CUCA
amiga de Marta

~

QUIQUE
hijo mayor de Marta

~

MANOLO
ex-marido de Marta

~

PALOMA
hija de Marta

ACTO I

Saloncito de casa burguesa luminoso, elegante. Todo muy cuidado y con estilo. Muy de diseño, aunque en absoluto extravagante. La televisión en un ángulo, casi en el proscenio, pondrá la nota, digamos, más vulgar.

A la derecha del espectador pasillo que conduce a las habitaciones; a la izquierda otro que comunica con la puerta de la casa.

Estropeando la estética del conjunto, un par de zapatos tirados y algunas prendas juveniles desperdigadas por el sofá. La televisión está puesta.

Al poco de alzarse el telón, se verá entrar; por la derecha del espectador; a MARTA, mujer de unos cuarenta y tantos ¿cincuenta años? atractiva y elegante. Parece dispuesta a salir.

Se mira un momento a un espejo del salón y se retoca el pelo y los labios mientras tararea una música con despreocupación. Luego se da cuenta del desorden y, después de apagar la televisión, recoge todo.

§

MARTA: (Para sí) ¡Qué barbaridad! ¡Todo tirado! ¡Se largan y ahí te lo dejan! (Se mete hacia el interior con la ropa y los zapatos. Se oirá cerrarse una puerta. Vuelve a salir y coge el bolso dispuesta a marcharse. Llaman a la puerta. Con fastidio) ¿Quién será ahora? (Vuelven a llamar: quien llama, parece tener prisa. Decidida hacia la puerta) ¡Un momento! (Sale por la izquierda. Se le oirá abrir la puerta y decir) ¡Pero Cuca! ¿qué haces aquí?

CUCA es vistosa, con cierta gracia natural y de la misma edad, aproximadamente, que MARTA.

CUCA: (Entrando muy decidida y sentándose de golpe en el sofá) ¡Deja, deja, ahora te cuento! (Se abanica con la mano) Estoy echando leches! ¡Si vieras qué disgusto tengo! (Fijándose en MARTA) ¡No irás a salir!

MARTA: ¡Pues claro!

CUCA: ¿Y adónde?

MARTA: ¡Mujer, a la tienda!

CUCA: (Poniéndose en pie con resolución) ¡Ni hablar! Tú te quedas conmigo. Y además, ¡nos vamos!

MARTA: ¿Cómo que nos vamos?

CUCA: Lo que oyes.

MARTA: Pero que yo tengo que ir a trabajar.

CUCA: No puedes. Imposible. Además, ¿no está María Jesús?

MARTA: María Jesús no puede con todo y hoy me llegan un montón de pedidos.

CUCA: ¡Tonterías! ¿Eres mi amiga o no?

MARTA: ¡Pues claro! Pero...

CUCA: Ni pero ni nada: te quedas, que me haces muchísima falta.

MARTA: ¿Se puede saber qué te pasa?

CUCA: Deja que me siente y te lo explique. (Parece que va a hacerlo pero queda en pie. Fijándose en el vestido de MARTA) Por cierto, hija, es monísimo el vestido que llevas... ¿Este mío qué te parece? (Se exhibe un momento).

MARTA: (Con ojos de experta) No está mal.

CUCA: ¿Cómo que no está mal, con el pastón que me ha costado? Lo vi en el escaparate de Fefa y me flechó.

MARTA: (Bromeando) ¡Traidora!

CUCA: ¡Mujer, por una vez que me paso a la competencia! ¡Y porque me lo dio rebajadísimo, que si no! Quizás me esté un poco justo, ¿tú que crees? (Sin dejarle responder) Pero como voy a adelgazar...

MARTA: Tú siempre vas a adelgazar.

CUCA: (Sin hacer caso) Oye, pero el tuyo es divino... A ver, date la vuelta...

MARTA: (Dándola sin ganas) ¡Pero Cuca, que tengo prisa! Lo que tengas que decirme, ¡rápido!

CUCA: No protestes: las amigas son para estos casos. (Tocándolo) Oye, pero qué monísimo. ¿De quién es?

MARTA: De Chencho Arenas: un nuevo diseñador. (Lo ha dicho con cierta entonación especial, pero CUCA no se ha dado cuenta).

CUCA: Pues me encanta, hija. Es un sueño.

MARTA: Sí, el muchacho promete mucho.

CUCA: ¡En fin! Da gusto verte. Últimamente te veo guapísima. Estás de cine.

MARTA: ¡Venga!

CUCA: Palabra. Yo, en cambio, me estoy poniendo como una foca. Es que ¡vamos! cualquier cosa me engorda! Sobre todo, los disgustos. ¡Y como tengo un montón!

MARTA: ¡No habrás venido a casa a las nueve de la mañana para hablarme de eso!

CUCA: No, hija, no. ¡Qué más quisiera! ¡Y da gracias que no haya venido antes! A punto estuve de plantarme aquí de madrugada, pero ya sabes que tengo detalles.

MARTA: Pero bueno, ¿qué te ha pasado?

CUCA: Espera un poco, que con esta zozobra ni siquiera puedo hablar. (Asomando hacia el pasillo) ¿Está Pablo? (Bajando la voz) Es que no quiero que se entere.

MARTA: Tranquila: se ha marchado a esquiar con un amigo.

CUCA: ¡Pero ése nunca está en casa!

MARTA: ¿Y para qué lo quiero? ¿Para que me dé trabajo? ¡Si vieras cómo me ha dejado todo!

CUCA: Para que te haga compañía, que siempre estás sola.

MARTA: ¡Sí, sí, compañía! ¡No dices tú nada! Cuando está aquí se limita a monosílabos y a pasar de un canal a otro.

CUCA: (Sentándose) Desde luego, ¡qué hijos! ¿Y adónde fue?

MARTA: A los Alpes: no hay nieve más cerca.

CUCA: ¡Mira qué exótico! Nosotros que no pasábamos de Cercedilla... ¡Viven como obispos! Bueno, como políticos en ejercicio, que hoy los obispos han bajado mucho. ¿Pero no tiene clase?

MARTA: ¡Le da igual! Para Pablo, todos los días son vacaciones. Luego ¡claro! trae lo que trae, que lleva un curso...

CUCA: Pues, hija, no haberle dado dinero.

MARTA: Se lo sacó a su padre.

CUCA: ¡No digas más! Son ellos quienes les consienten. ¡Como tienen mala conciencia!

MARTA: Manolo, ni eso.

CUCA: ¡Cómo no la va a tener, si te dejó tirada por esa presentadora!

MARTA: Tanto como tirada...

CUCA: ¡Tirada, sí! Y es que todos los hombres son unos egoístas, unos egocéntricos y unos cerdos, incluidos los hijos.

MARTA: ¡Quéjate tú de los hijos, si no los tienes!

CUCA: Los tuyos, como si fueran míos, y tienes que reconocerlo: ¡son un desastre!

MARTA: (Casi para sí) Dímelo a mí.

CUCA: Pues los maridos... ¡De los maridos es mejor no hablar! Yo me pregunto: ¿para qué nos casaremos las mujeres? Manolo se portó mal contigo, pero al menos fue sincero.

MARTA: Demasiado.

CUCA: Reconócelo: no se anduvo con tapujos. Te dijo que le gustaba otra y se largó, ¡pero lo que está haciendo conmigo Pepe... ¡No tiene nombre!

MARTA: Pero bueno, ¿qué te ha hecho Pepe?

CUCA: Pues lo de siempre. ¡Qué no tiene arreglo, Marta! Genio y figura... Pero esto no, ¡esto no se lo paso!

MARTA: Eso dices siempre.

CUCA: (Poniéndose en pie con resolución) Esta vez es verdad: he llegado al límite. (Coge su bolso y busca) Anda, rica, dame un cigarrillo, que, con las prisas, me he dejado el tabaco.

MARTA: ¿Pero no ibas a dejar de fumar?

CUCA: ¿Quién dijo eso?

MARTA: Tú a todas horas.

CUCA: ¡Pues lo que me faltaba! ¡Cómo voy a dejarlo ahora con la depre que tengo! ¡Si no fumo me hundo en la miseria! (MARTA le ofrece. CUCA enciende y aspira con delectación) ¡Fíjate que se lo advertí la última vez: «que, como me hagas otra, te la juegas, Pepe, que estoy dispuesta a no pasarte ni una, que la próxima, te planto!».

MARTA: No te enrolles y vete al grano.

CUCA: (Sentándose) Pues lo de siempre, pero en peor. Pepe siempre fue putero. (MARTA va a interrumpirla) ¡Sí, putero, para qué vamos a andarnos por las ramas! Y el que lo es, no tiene solución, y si me apuras, van a más con los años. ¿Te acuerdas de aquella azafata y de la movida que tuvo?

MARTA: ¡No me digas que ha vuelto con ella!

CUCA: No, mujer, ¡sólo faltaba! Pero te lo recuerdo para ponerte en situación... ¿Y que estuvimos a punto de separarnos?

MARTA: Tú siempre estás a punto.

CUCA: (Levantándose) ¡Coño, Marta, tómatelo en serio! No me digas que no estuve en un tris.

MARTA: Pero luego te convenció. Como siempre.

CUCA: Es que a Pepe los divorcios y las separaciones no le van: él es infiel por lo tradicional, que además debe ser lo divertido, y como encima conmigo le va de maravilla... (MARTA sonríe. Breve pausa que aprovecha CUCA para echar el humo) Pues a lo que te voy: cuando acabó con la azafata me juró y perjuró que ni una mujer más, excepto yo, pero enseguida volvió a las andadas. Bueno, tú ya lo sabes, que estás al día: desde entonces he tenido que aguantar a sus secretarias y ha tenido varias a cual más monas, y además, una chica de un supermercado, porque tú no sabes cómo liga Manolo en los supermercados, una modelo y dos aspirantes a actrices. Eso, que yo sepa, ¡pero esto de las gemelas!

MARTA: (Casi echándose a reír) ¿Qué dices? ¿Qué está con unas gemelas?

CUCA: Lo que oyes, y no te rías: que se me ha liado con dos, por partida doble, el muy cabrito. ¿Concibes semejante desfachatez? Y ya, infidelidades aparte, ¡menudo desgaste, que Pepe no está para esos trotes!

MARTA: Ése es su problema.

CUCA: De eso nada, que luego, si enferma, tengo que cuidarle yo. Creo que las conoció en un puticlub de la carretera de La Coruña. ¿Y sabes dónde las lleva para mayor inri? ¡Pues a mi casa!

MARTA: ¿A tu casa?

CUCA: Sí, hija, sí. Bueno, al piso no. ¡Faltaría! ¡Al chalet! ¡Como les pilla tan cerquita!

MARTA: ¿Qué me dices?

CUCA: Sí, hija, sí, lo que oyes: me engaña con dos y, encima, me las pasea por la finca, por una finca en la que él no ha puesto ni un duro, que es el colmo de la chulería. ¡Si mi padre levantara la cabeza, él, que la compró con tanta ilusión!

MARTA: ¿Pero tú estás segura?

CUCA: Segurísima.

MARTA: ¿Quién te lo ha dicho?

CUCA: Pili, que vive enfrente y les sigue la pista. ¡Como no tiene nada que hacer!

MARTA: No hagas caso de chismorreos, y menos de Pili: me has dicho muchas veces que no es de fiar.

CUCA: ¡Como que me tiene una envidia! Su marido, el pobre, está a las órdenes de Pepe y ya sabes que eso se perdona mal. (Breve pausa. Como en secreto) Además yo creo que Pepe le gusta...

MARTA: ¡Venga, no empecemos con eso!

CUCA: ¡Ya sabes cómo es Pepe, con esa labia y ese tipazo!

MARTA: ¡No, si todavía vas a decir que lo asedian y que él no tiene ninguna culpa!

CUCA: ¿Culpa? ¡Toda la del mundo! Pero también que Pili está por él y desearía vernos separados sólo por el hecho de joder...

MARTA: Pues más a mi favor: ¿cómo vas a hacer caso de una persona así?

CUCA: Dice que los ha visto un montón de veces. (Breve pausa) Anda, cielo, prepárame un café, que estoy sin desayunar. (Se sienta).

MARTA: (Yendo hacia la derecha) ¿Lo quieres con leche?

CUCA: No, con leche no, que la estropeo. Solo y bien negrito.

Sale MARTA. CUCA enciende otro cigarrillo y la televisión, que mirará distraídamente.

CUCA: (En voz alta para que MARTA la oiga) Al principio Pili se volvía loca: creía que se trataba de la misma chica, hasta que se dio cuenta de que eran dos. ¡Dos! ¡Lo que es esta vez, Pepe ha rizado el rizo!

MARTA: (Desde dentro y con voz paciente) No pienses en ello.

CUCA: ¿Pero cómo no voy a pensar? ¡Se las lleva al chalet! ¡A mi chalet! Y a mi dormitorio... ¡Porque también van a mi dormitorio! ¿Has oído?

MARTA: ¡Síííí!

CUCA: ¡Y ni siquiera se molestan en bajar las persianas! ¡Dice Pili que organizan unos escándalos! ¡Lo vendo! ¡Te aseguro que lo vendo! ¡No vuelvo a poner allí los pies! (Para sí) Lo siento por mi padre, ¡pobrecito! (Nuevamente en voz alta) ¿Cuánto crees que podrá valer?

MARTA sale en estos momentos con una bandeja y un servicio de café.

MARTA: (Distraída) ¿El qué?

CUCA: ¡Pues el chalet!

MARTA: (Sirviéndole) Ni idea.

CUCA: (Fijándose de pronto en la tele) Oye, ¿no es ésa la amiga de tu ex?

MARTA: (Mirando) Eso parece.

CUCA: ¿No está muy rara? No lo digo por animarte, pero últimamente ha perdido mucho.

MARTA: (Con ligero fastidio) Pues mis hijos la encuentran fascinante.

CUCA: ¡Toma, y el padre!

MARTA: Dicen que es de lo más guay.

CUCA: Es que estos hijos nuestros son idiotas: de modernos, se pasan.

MARTA: Y se llevan con ella divinamente.

CUCA: ¿Cómo se van a llevar? En visita todos somos santos. ¿De veras no la ves peor?

MARTA: Prefiero no mirarla.

CUCA: Cuando empezó a salir con Manolo estaba preciosa y tenía mucho más protagonismo... Ahora está un poco en segundo plano... ¿No crees?

MARTA: Dicen que lo que quiere es hacer cine.

CUCA: ¿Cine? ¡Pues como actriz es malísima! ¡menudo bodrio aquello que hizo! Y el modelito que lleva es una horterada.

MARTA: Cualquiera diría que te ha hecho a ti la faena.

CUCA: (Señalando la tele) ¿Lo es o no? Claro que estas chicas están monas con lo que se pongan. (Se levanta y apaga la tele) ¡En fin, cada una con su cruz! ¡Cuando pienso en lo que me ha hecho ese canalla!

MARTA: ¿Y Pepe sabe que tú lo sabes?

CUCA: ¡Pues claro! ¡Me iba a callar! ¡Anoche le armé el escándalo! Bueno, de madrugada, que fue cuando llegó, que lo que haya dormido...

MARTA: ¿Y qué dice?

CUCA: Jura que todo es mentira ¡con una desfachatez!

MARTA: ¿Y si lo es? ¿Te imaginas si lo es?

CUCA: ¡No seas inocente! Lo que pasa es que jura tan bien que conmueve a las piedras. Menos mal que le conozco. (Por la bandeja) Anda, guapa, quita esas pastas que me las como todas. (Coge y come).

MARTA: ¿Y no te da ninguna explicación?

CUCA: (Comiendo) Ninguna. Dice que Pili es una histérica y una embustera de mucho cuidado y que él es poco menos que un santo. ¡Ya ves! ni siquiera me ha pedido perdón como otras veces. ¡Es que no lo reconoce, Marta, no lo reconoce! ¡Pero ésta es la gota que colma el vaso y yo me separo, óyelo bien! (MARTA va a hablar, pero CUCA no le deja) ¡Me separo! Yo también lo he jurado y cuando yo juro una cosa...

MARTA: Pero si luego te arrepientes...

CUCA: ¡Te digo que no! Y tú tienes que ayudarme: por eso, ¡nos vamos!

MARTA: ¿Pero cómo que nos vamos?

CUCA: Tengo que salir fuera de Madrid. Poner tierra de por medio. Me es absolutamente necesario.

MARTA: Es que yo no puedo irme: ya te he dicho que me llegan unos pedidos.

CUCA: ¡Nada! ¡María Jesús es una maravilla y entiende la tienda mejor que tú! Además, ya tengo reservada habitación en el «Semíramis».

MARTA: ¿Qué has reservado? ¿Sin contar conmigo?

CUCA: Tonterías: sé que puedo contar.

MARTA: Pues te equivocas. Precisamente hoy...

CUCA: No puedes dejarme en un momento como éste.

MARTA: Es que... ¡Además, he quedado con Fernando!

CUCA: ¿Con Fernando? ¡Pues le llamas y le dices que no puedes!

MARTA: Me apetece, si no te importa.

CUCA: Tienes muchos días para salir con él.

MARTA: ¡Qué equivocada estás! ¡Ya quisiera!

CUCA: Creo que mi separación merece eso y mucho más.

MARTA: Es que luego no te separas.

CUCA: ¿Qué no? ¿Te apuestas algo? Además, te conviene tomarte unas vacaciones. Yo estaré fatal, ¡pero tú tienes una mala cara!

MARTA: Pues hace poco me encontrabas guapísima.

CUCA: Cosas que se dicen, mujer (Fijándose más) ¡Pero qué malísima! Y además, estás deprimida.

MARTA: ¿Deprimida yo? ¿De dónde lo sacas?

CUCA: ¡Y un montón! Se te nota cantidad. Desde que te dejó Manolo estás hecha migas.

MARTA: (Un poco apabullada) No exageres. Es cierto que lo pasé mal...

CUCA: ¿Mal? ¡Mortal! Si lo sabré yo.

MARTA: Pero te aseguro que ya estoy perfectamente.

CUCA: Eso te crees: el enfermo es el último en darse cuenta. Estás muy tensa... Te hace falta relajarte... Vamos a ver, Marta, ¿desde cuándo no tomas vacaciones? Me refiero a tu aire, sin hijos ni pamplinas...

MARTA: ¡A saber!

CUCA: ¿Lo ves? ¡No puedes seguir así, todo el día trabajando!

MARTA: No te creas que es por gusto.

CUCA: ¡Venga ya!

MARTA: ¿Qué te crees? ¡Manolo no me pasa un duro!

CUCA: ¿Qué no te pasa? ¡Qué cara más dura! ¿Y a los chicos?

MARTA: Cuando le da la gana. ¡Si no fuera por mí! Menos mal que Paloma y Quique ya son independientes.

CUCA: (Con segundas) ¡Relativamente, que también le echan un morro! (Breve pausa) Lo que te decía, chata: tienes un montón de estrés y no tienes más remedio que olvidarte de esos carroñeros que te chupan la sangre. (Marta va a hablar pero Cuca no la deja) Hazme caso: nos vamos a la playa, tomamos el sol, nos olvidamos de toda esta mierda, y volvemos como nuevas.

MARTA: Todo eso está muy bien, pero ya te he dicho que he quedado con Fernando.

CUCA: ¡Otro que tal! Fernando no te conviene: no vas a salir de Herodes para meterte en Pilatos. Además, no me parece bien.

MARTA: ¿Por qué?

CUCA: Es amigo de Manolo.

MARTA: Y eso, ¿qué tiene que ver?

CUCA: Pues que no es estético.

MARTA: Ético, querrás decir.

CUCA: Estético, hija. Es vulgar. Demasiado, eso de liarse con los amigos de los ex. Además, Fernando está separado.

MARTA: Pues mejor. No hago faenas a nadie.

CUCA: ¡Mira qué altruista! De mejor, nada. (Breve pausa. Enciende otro cigarrillo) Dentro de los separados hay dos clases: los A y los B, las víctimas y los culpables. Tú y yo somos A, es decir, víctimas. Y eso es lo malo.

MARTA: ¿Y eso qué tiene que ver con Fernando?

CUCA: Pues que él es también clase A.

MARTA: ¿Y qué culpa tiene?

CUCA: ¡Toda la del mundo!

MARTA: Fue su mujer la que presentó la demanda.

CUCA: No me extraña: ¡A Fernando no hay quién le aguante! Muy buen chico, pero un muermo de tres pares de narices! (Pausa) A ti lo que te conviene es un viudo. O un soltero. Claro que los que están solteros a nuestra edad ¡pues mejor no! Todo, Martita, menos dos víctimas juntas: no hacen más que llorar su desgracia y mirarse con recelo el uno al otro... y eso sería lo que te pasaría con Fernando. De manera que ya le estás llamando para cancelar la cita y te vienes conmigo.

Suena el teléfono. Marta va a cogerlo.

CUCA: (Con alarma) ¡Si es Pepe no estoy!

MARTA: (Lo coge. Al teléfono) ¿Diga? Sí, soy yo. Hola, Fernando, ¿cómo estás?

CUCA: (Para sí) Hablando del rey de Roma... (Hace señas a MARTA para que cancele la cita).

MARTA: Sí, me he retrasado... Estoy aquí con Cuca... (A

CUCA) Que te dé recuerdos...

CUCA: (Desabrida) Gracias. Devuélveselos.

MARTA: Saludos de su parte... Sí... ¿Cómo dices? (Gesto de fastidio) ¡Ya! No puedes... (Intentando parecer animosa) Bueno, ¡qué le vamos a hacer! No, no te preocupes... De veras... Entonces, quedamos en que tú me llamas. De acuerdo. Un abrazo. (Cuelga con gesto de desánimo).

CUCA: ¿Pasa algo?

MARTA: Fernando, que no puede salir esta noche.

CUCA: ¡Qué coincidencia! Tú tampoco. ¿Y eso?

MARTA: Trabajo. Siempre trabajo.

CUCA: Los tipos como Fernando es lo único que tienen.

MARTA: Siempre le falla algo a última hora.

CUCA: Algo no: todo. ¿Y a ti qué más te da?

MARTA: Me molesta que sea él quien cancele las citas.

CUCA: Lo que te he dicho: ¡mándale a paseo! Te lo pone en bandeja.

MARTA: Es que... ¡Me agrada! y digas lo que digas es el que más me conviene de todos los que conozco.

CUCA: ¡Qué te va a convenir!

MARTA: Pero no acaba de decidirse.

CUCA: Porque es un pusilánime, te lo digo yo.

MARTA: La verdad es que no tiene detalles.

CUCA: ¡Si solo fuera eso! ¡Ni detalles, ni huevos!

MARTA: Salimos a cenar, jugamos al tenis de vez en cuando, pero ¡no sé! ¡la chispa no acaba de producirse!

CUCA: ¿Qué chispa? ¿Tú te crees que con ése se puede producir algo? Fernando es un pan sin sal. No se moja, y hasta para hacer una faena, hay que mojarse.

MARTA: Bueno, él se insinúa, se pone cariñoso cuando le apetece, pero no termina de arrancar.

CUCA: ¡Como que está escocido! Ya sabes: clase A.

MARTA: Y además es tacaño, que es lo peor que puede tener un hombre.

CUCA: ¿Tacaño con el dinero que tiene?

MARTA: Pues desde que salimos, ¡nada! ¡Si no fuera porque yo invito algunas veces!

CUCA: ¿Qué invitas tú? ¡Estás loca!

MARTA: ¡Mujer, si estamos en igualdad de derechos!

CUCA: ¡Ni derechos ni leches! ¿Sabes lo que te digo? ¡Qué a nuestra edad nos tienen que tratar como a unas reinas! ¡Qué ya no somos coleguis! ¿Tú has visto que las mujeres inviten en las películas? En las de toda la vida, me refiero, no en éstas que hacen ahora de mal gusto. Pues, hija, si es tacaño, ¡Qué salga con su madre o que se la machaque! ¡Claro que si tanto te gusta!

MARTA: Bueno, gustarme, lo que se dice gustarme... (Con gesto de confidencia)A mí en realidad quien me gusta... (Se calla a tiempo).

Suena el teléfono. MARTA va hacia él.

CUCA: (Intrigada) ¿Quién dices que te gusta? (MARTA coge el teléfono) Si es Pepe, ¡ya sabes!

MARTA: ¿Diga? Sí... Hola, María Jesús, bonita... Mira, que me ha surgido un problema: no sé Es Cuca, que no se encuentra bien... No, nada importante, que está un poco depre... Sí, aquí conmigo (A CUCA) Que te mejores...

CUCA: (Cogiendo el auricular un momento) Gracias, cielo... Oye, que es tu Jefa la que está fatal...

MARTA: (Cogiendo el teléfono) No le hagas caso... Sí, no sé, es posible que me vaya fuera el fin de semana... Gracias, cielo. Estamos en contacto. (Breve pausa) Oye, te llegarán los Larraz de la talla 40, los que pedimos la semana pasada y los blasiers de Arenas... De acuerdo... Sí, también los bodys. Gracias, chata. Un beso. Y llámame si me necesitas. Chao. (Cuelga).

CUCA: Esta María Jesús es un sol.

MARTA: Un sol que me sale carísimo.

CUCA: Bueno, pues ya está todo solucionado. Pero antes me lo tienes que contar.

MARTA: Contar, ¿el qué?

CUCA: Lo que ibas a decirme cuando llamó María Jesús.

MARTA: Es una tontería.

CUCA: A lo mejor no.

MARTA: Seguro. Y además, me da vergüenza.

CUCA: ¿Vergüenza? ¡Venga ya!

MARTA: ¡Qué sí! Porque es tan absurdo... Es que, verás (Entre evasiva y deseando decirlo) a mí quien me gusta es el diseñador... el de este vestido...

CUCA: ¡Pues hija, si es como diseña!

MARTA: Pero es que es una burrada, un imposible. Y no estaría bien.

CUCA: ¡Ya estamos! ¿Por qué no estaría bien?

MARTA: Es más joven que yo.

CUCA: ¿Y ese es el problema? ¿No se fue tu marido con una chica veinte años más joven?

MARTA: Ellos son distintos.

CUCA: ¿Distintos? ¡Venga, ya! ¡No seas machista, joder! Si ellos se van con chicas jóvenes, ¿por qué no podemos nosotras? (Breve pausa) Y él, ¿qué?

MARTA: Pues ahí está lo chocante, porque entre bromas y veras dice que le gusto, ¡fíjate! y que se aburre con las jóvenes...

Me manda flores, me hace regalitos... ¡No como Fernando, que baila la jota con el puño cerrado!

CUCA: ¡Pero eso es de película, hija!

MARTA: La verdad es que me cae muy bien y estoy hecha un taco, pero me da miedo... ¡Qué dirían mis hijos!

CUCA: ¿Y a ti qué te importa lo que digan tus hijos? ¡Qué digan misa! Y además, ¿no son tan modernos?

MARTA: Ya, pero...

CUCA: ¡Ni pero ni nada! Si él te gusta, ¿a qué estás esperando?

MARTA: Insiste en que salgamos, pero yo siempre le doy largas...

CUCA: Porque eres tonta y una pusilánime que se ahoga en un vaso de agua.

MARTA: Es que después de lo de Manolo, he perdido la confianza.

CUCA: Pues el diseñador es justo lo que necesitas: una buena cura de autoestima. Mira por donde una terapia sin que te cueste un duro. ¿Y es guapo?

MARTA: A mí me lo parece.

CUCA: Me lo estoy imaginando: alto, moreno, informal, joven, ¡porque me has dicho que es joven! Pero de edad indefinida, ojos castaños... ¿Cómo dices que se llama?

MARTA: Chencho Arenas.

CUCA: ¡Perfecto! ¡Le va perfecto! No podía llamarse de otra manera.

MARTA: ¡Déjate de historias! A mí quien me conviene es Fernando.

CUCA: ¡El diseñador! Lo que yo te diga.

MARTA se dispone a retirar el café. Llaman a la puerta. CUCA da un respingo.

MARTA: ¿Quién será ahora? Abre tú, ¿quieres?

CUCA: ¿Y si es Pepe?

MARTA: ¡Qué más quisieras!

CUCA de mala gana va a abrir. MARTA con el servicio se va por la derecha.

CUCA: (Desde fuera) ¡Hombre, Quique! ¿Cómo estás?

Entra en escena rápidamente QUIQUE, muchacho de unos veintitantos años, bien trajeado, muy hijo de papá. Lleva un saco de deporte que contrasta con su vestimenta bastante ortodoxa y que deja en el suelo, y una revista en las manos que agita nerviosamente.

QUIQUE: ¡Mamá! (A Cuca) ¿Está mi madre?

CUCA: Está. ¿Pero a qué vienen esas prisas?

MARTA: (Desde dentro) ¿Quién es?

CUCA: ¡Quique!

QUIQUE: ¡Tu hijo favorito!

MARTA: (Saliendo. Irónica) Qué raro, ¡tú por aquí!

QUIQUE: ¿Cómo raro, si vengo todos los días? (Agitando la revista) ¡Últimas noticias! ¡A papá le han puesto los cuernos!

MARTA: ¿Qué dices?

QUIQUE: Lee. (Le larga la revista. MARTA y CUCA, sobre todo CUCA, se ponen ávidamente a leerlo).

CUCA: (Leyendo en voz alta) «Cristina Espejo, la célebre presentadora de «Guapos y Felices», con su nuevo amor... ¡Toma! (A MARTA) ¡Con su nuevo amor! (Leyendo nuevamente) «El joven actor Paco Castaño... Los más cercanos a la actriz, que empezará en breve a rodar una película a las órdenes de Chus Durán, aseguran que ha roto con el doctor Manuel Velasco, su compañero sentimental desde hace tres años. Sin embargo la presentadora-actriz dice que entre ella y Paco Castaño no existe más que una buena amistad». (Señalando la revista) ¡Tendrá cara! ¿Cómo se puede negar una cosa así?

QUIQUE: ¡Más claro, imposible!

MARTA: ¡Cómo estará tu padre, con lo que es él! ¡Mejor que no se entere!

QUIQUE: En cuanto vaya por el periódico: está en portada en todas las revistas. ¡Y no te cuento la televisión! ¡Esos, no sueltan la presa!

CUCA: ¡Le está bien empleado!

QUIQUE: Caray, Cuca, ¡tampoco es para alegrarse!

CUCA: Vamos a llorar, si te parece.

QUIQUE: (Cogiendo la revista y mirándola) La verdad es que lo veía venir: ¡con lo buena que está y papá ya no es lo que era!

MARTA: (Cogiendo la revista con aparente indiferencia) ¿Y quién es el otro?

QUIQUE: Un actor que no conoce nadie. ¡Menuda publicidad!

MARTA: (Volviendo a mirar) Pues parece un poco blandito, ¿no?

QUIQUE: Blandito o no, a papá le ha hundido el curriculum. (Breve pausa) ¡Si se veía venir! ¡Son muchos años de diferencia!

MARTA: (A CUCA) ¿Te convences? ¡Para que luego digas que los años no importan!

CUCA: Los años no tienen nada que ver: es que ella es pija.

QUIQUE: (Por lo bajo y por Cuca) ¡Quién fue a hablar!

MARTA: ¡Cómo estará Manolo!

CUCA: ¡Déjate de pensar en él! ¡Qué se aguante!

QUIQUE: ¡Hombre, Cuca, hay que comprender: al fin y al cabo se trata de su marido!

MARTA: ¡Ex! no lo olvides.

QUIQUE: De eso, nada, que ni siquiera existe separación legal. Papá se largó y punto.

MARTA: ¡Ya salió el abogado!

QUIQUE: (A CUCA, por lo bajo y con suficiencia) En realidad, sigue loca por él.

CUCA: Me parece que te equivocas.

QUIQUE: Te digo que sí: mamá, en el fondo, no acaba de asimilar la situación.

CUCA: ¡Como en todo seas tan clarividente! Venga, Marta, prepara la maleta.

QUIQUE: ¿Cómo? ¿Qué os vais?

CUCA: Sí, de fin de semana. Cuatro cosas, ¿eh? Que el equipaje embaraza mucho.

QUIQUE: A vosotras, ¡qué os va a embarazar ya!

CUCA: (A QUIQUE) ¡Mira qué amable! (A MARTA) Pero que sean monas y sexys, ya sabes... ¡Venga, muévete!

QUIQUE: ¿Pero se puede saber dónde vais?

MARTA: Por ahí, a descansar.

QUIQUE: ¿A descansar?

MARTA: ¡No, si todavía le parecerá que no hago nada!

QUIQUE: Es que yo vengo a quedarme: te lo dije.

MARTA: Pues quédate.

QUIQUE: ¡Ésta sí que es buena! ¿Para qué voy a quedarme si tú no estás?

CUCA: (A MARTA y por QUIQUE) ¡Mujer, qué cariñoso!

MARTA: No te fíes, que va con segundas.

QUIQUE: ¿Y el enano?

MARTA: Se marchó a esquiar.

QUIQUE: ¡Caray, cómo vive!

MARTA: ¡Quéjate tú!

QUIQUE: Pues me haces la santísima.

MARTA: ¿Y Lola?

QUIQUE: Está de guardia. Y ya sabes que cuando está de guardia no me puede atender.

MARTA: Y cuando no lo está, lo mismo.

CUCA: (A QUIQUE) Pues atiéndete tú solito que empiezas a tener edad.

MARTA: (A CUCA y por QUIQUE) No sabe o no quiere saber.

QUIQUE: Me sienta fatal comer por ahí: tengo úlcera de duodeno, ¿lo sabías?

CUCA: ¿Y cocerte un pescadito? Te lo digo porque es la mar de fácil.

MARTA: No, hija, no: le tiene que cuidar su madre. No sé por qué se ha ido a vivir con esa chica...

QUIQUE: ¡Uno no se va a vivir con una chica para que le cuide! Vamos a ver, ¿por qué tiene que cuidarme Lola?

MARTA: ¿Y por qué tengo que hacerlo yo? (Fijándose en la bolsa de deporte) ¿Y eso?

QUIQUE: Mi ropa.

MARTA: ¿La sucia o la limpia?

QUIQUE: Las dos.

MARTA: ¿Y la lavadora? ¡Es que tampoco sabéis utilizar la lavadora?

QUIQUE: No tenemos tiempo.

MARTA: ¿Y yo sí?

QUIQUE: Tú ya tienes rodaje.

MARTA: ¡Será cínico! ¡Es increíble! ¿Pero hasta cuándo crees?

QUIQUE: (Dándole un achuchón amistoso) ¡No te enfades, vieja!

CUCA: Desde luego, son únicos para levantarnos la moral.

MARTA: Sí, hija. Sí... ¡Es que no compensan por ningún lado! Yo pensaba que cuando uno se independiza...

QUIQUE: ¡Un momento! Me he ido de casa para vivir con Lola, ¡pero de ahí a independizarme! Tú sabes, mamá. que aunque me haya ido a un apartamento, le tengo mucho apego a esta casa...

MARTA: En un apartamento que pago yo.

QUIQUE: Desde luego, ¡estás de un borde!

CUCA: (A MARTA) ¡Y que te llevo baratísimo! ¡Seiscientos por esa joya!

QUIQUE: ¡Hay que ver qué egoísmo os montáis! ¡Y ya verás papá! Cuando se cabrea no hay quien le haga soltar una perra y yo estoy a dos velas...

MARTA: El dinero es lo único que te preocupa. Que tu padre pueda pasarlo mal o no... (Por la bolsa) ¡Y ya me estás quitando esa bolsa de ahí en medio!

QUIQUE: (Cogiéndola) ¿Dónde la pongo?

MARTA: ¿No lo sabes todavía?

QUIQUE sale por la derecha con la bolsa.

MARTA: ¡Cuándo querrán hacerse mayores! ¡Qué los tenemos en casa hasta pie de tumba! (A CUCA que mira la revista) ¡Anda, que no estás poco a gusto! (Incorporándose a la lectura de la revista) ¿Y qué me dices de esto?

CUCA: ¿Qué te voy a decir? ¡Qué le está bien empleado! El que la hace, la paga. ¡Ya verás cuando le toque a Pepe! ¡Sólo de pensarlo me entra una satisfacción!

Suena el teléfono.

CUCA: (Sobresaltada) ¡Si antes le nombro!

MARTA va hacia el teléfono.

MARTA: (Ante un gesto de CUCA) Ya, ya lo sé. Si es Pepe (Lo coge) ¿Diga? ¡Ah, hola! ¿Cómo estás?

CUCA: ¿Quién es? (Va hacia MARTA. Esta le hace señas para que esté quieta).

MARTA: No... Hoy no voy... Me es imposible... (Va dulcificando la voz).

CUCA: (Bajito) ¿Pero quién es?

MARTA: (Tapando el auricular) ¡Qué te calles! (Nuevamente al teléfono) Por cierto, que me encantó lo que me mandaste. Precioso... Muchas gracias... No, eso todavía no me ha llegado... Sí, le llamé por teléfono, pero me dijo que aún no estaba: ya sabes lo meticuloso que es, y hasta que no lo vea perfecto ¿Cómo dices? Lo siento... No puedo, de verdad: hoy voy a salir con una amiga... (Mira a CUCA y ésta afirma) No, no: fuera de Madrid... Un par de días posiblemente... Habla con María Jesús si necesitas algo... (Marta escucha. Ríe complacida. CUCA la mira extrañadísima) ¡Venga, no seas tonto! (Con mucha suavidad) Que ya te he dicho que no puedo... Está bien. De acuerdo. Cuando vuelva te llamo. ¡Chao! (Cuelga).

CUCA: Era el diseñador, ¿a que sí? (MARTA afirma) ¡No había más que verte la cara! ¡Y la voz! (Imitándola) «¡Venga, no seas tonto!» Anda. Martita, hija, que estás que lo tiras... ¿Y qué quería?

MARTA: Que nos viéramos esta tarde.

CUCA: ¡Qué fatalidad! Hoy que estás comprometida conmigo...

MARTA: No te preocupes: de todas formas no iba a salir.

CUCA: ¿Y por qué?

MARTA: Seamos realistas: ¿dónde voy yo con ése? ¿Sabes cuántos años tiene? ¡Treinta y cuatro!

CUCA: ¡Chica, no hay tanta diferencia!

MARTA: ¡No, ninguna! Casi como Quique.

CUCA: ¡Pero si estás estupenda! ¡Ya querrían muchas jóvenes!

MARTA: Todo lo que quieras, pero los años están ahí. ¡Y después de lo que le ha pasado a Manolo!

CUCA: Pongámonos en lo peor: supongamos que dentro de un par de años te deja: ¡Qué te quiten lo bailao!

MARTA: ¿Y hacer el ridículo? ¿Te imaginas?

CUCA: ¿Pero tú en qué mundo vives? ¡Ya nadie se fija en esas chorradas! ¡Espabila y ponte al loro!

Suena otra vez el teléfono

MARTA: (Yendo hacia él) ¿Pero qué le pasa hoy a este chisme? Éste es Pepe, ¡ya verás! ¡Es el único queda!

CUCA: (Cayendo indiferente en el sofá) ¡Qué va a ser Pepe! ¡Ya ves lo que le importo, que ni llama!

Sale QUIQUE dispuesto a coger el teléfono: está comiendo un bocadillo con evidente apetito. MARTA se le adelanta.

MARTA: ¿Diga? ¡Ah! ¡Eres tú, Pepe! ¿Cómo estás?

CUCA: (Incorporándose con alarma) ¿Has dicho Pepe?

MARTA: (Haciendo señales a CUCA para que baje la voz) Bien, y tú... ¿Qué es de tu vida? Hace mucho que no se te ve... Trabajando. ¡Bueno! Como todos... (Ríe) Ya, ya sé que tú más...

CUCA: ¡Trabajando! ¡Tendrá cara!

MARTA: ¿Cuca? No, no está. (QUIQUE mira extrañado a CUCA y a MARTA, que se miran con complicidad) No sé, por aquí no ha venido... ¿Ocurre algo? ¡Bueno, hombre, no te preocupes! ya sabes que se le pasa... (CUCA niega) De acuerdo, si la veo ya le diré que has llamado. Un beso. (Cuelga).

CUCA: (Yendo precipitadamente hacia MARTA) ¡Te dije que llamaba! ¡Mira si le conozco! ¿Y qué te ha dicho?

MARTA: Ya oíste: me ha preguntado si estabas.

CUCA: ¿Y qué le has dicho?

MARTA: Pues que no. ¿O es que estás sorda?

CUCA: ¿Y cómo le has notado la voz?

MARTA: (Extrañada) Normal.

CUCA: (Con desencanto) ¿Sólo normal?

MARTA: ¿Cómo quieres que la tenga?

CUCA: Quiero decir que si no se le notaba el disgusto.

MARTA: Pues no.

CUCA: ¿Ni un poco?

MARTA: Así, en la primera impresión...

CUCA: (Para sí) ¡Será cabrito!

QUIQUE: Pero bueno, ¿qué os pasa? ¿Por qué le dices a Pepe que ésta no está?

CUCA: ¡Ésta! ¡Qué bonito! ¿Es que no tengo nombre?

QUIQUE: Perdona, perdona.

MARTA: Es que Cuca quiere separarse...

QUIQUE: (Con total incredulidad) ¡Ya veo, ya!

CUCA: Sin ironías, que es cierto. ¿Crees que no tengo motivos?

QUIQUE: ¡Y yo qué sé!

CUCA: ¿A ti te parece bien que esté liado con unas gemelas?

QUIQUE: ¿Pero quién está liado?

CUCA: ¡Toma, pues Pepe!

QUIQUE: (A punto de reír) ¿Con unas gemelas?

CUCA: Lo que oyes.

QUIQUE: ¡Coño, qué divertido!

CUCA: ¡Ésta sí que es buena! ¡A todo el mundo le parece divertido!

QUIQUE: Oye, ¿y cómo están?

CUCA: (Desabrida) No tengo el gusto.

QUIQUE: Porque si encima están bien, ¡qué pasada! ¿No? (Pausa. Terminando de comer. A MARTA) Este jamón que tienes es una maravilla, y el chorizo, no digamos.

CUCA: ¿Pero no tenías úlcera?

MARTA: ¡Ya hace bastante régimen con Lola! En casa de Quique sólo se come light. (Breve pausa. Suspira) Bueno, me voy a hacer la maleta.

CUCA: Sí, anda, que a este paso no arrancamos. Ya sabes: cuatro cosas.

MARTA: ¿Tú ya tienes todo?

CUCA: Todo. Está en el coche. (Como si se acordara de pronto de algo fatal) ¡El coche!

MARTA: ¿Qué pasa con el coche?

Llaman a la puerta. Quique va dispuesto a abrir.

CUCA: (Yendo hacia Quique) ¡No, por favor! ¡Es Pepe!

QUIQUE: ¡Mejor! (Sale).

CUCA: (Tras él) ¡Quique, no abras! ¡Ay, estas cosas me ponen nerviosísima!

Se oirá un murmullo de voces.

MARTA: ¡Quique! ¿Quién es?

Entra QUIQUE con cara de circunstancias y, detrás, cauteloso, MANOLO, hombre de unos cincuenta y tantos años, atractivo, buena facha pero ya iniciando el declive.

QUIQUE: (Anunciando con recelo) Es papá.

Se hace por un momento, un silencio embarazoso.

MANOLO: (Avanzando y queriendo parecer desenvuelto) Buenos días... (Carraspea, no obstante).

MARTA: (Con frialdad) Hola, Manolo.

MANOLO: Hola, Cuca, guapa, ¿cómo estás?

CUCA: ¡Pues ya ves! (No exenta de intención) ¿Y tú? (Se besan sin demasiado entusiasmo).

MANOLO: Te veo muy bien. Bueno, a las dos... (Nuevo silencio).

MARTA: (En el mismo tono y pasando por alto el cumplido) Por lo que se ve, no recuerdas lo que te dije...

MANOLO: (Haciendo intención de irse aunque nada decidido) Si tanto te molesta, me voy.

QUIQUE: ¡Por favor! ¿Es que no podéis hablar sin enfadaros?

MANOLO: Quique tiene razón: yo, al menos, vengo en son de paz.

MARTA: (Ligeramente irónica) ¡Ya! ¿Y a qué se debe?

MANOLO: (Un tanto cortado) Pasaba por aquí y me dije...

MARTA: Pues ya es coincidencia (con ligero desprecio) ¡vives en el quinto pino!

MANOLO: ¡Y tan ricamente! Os aseguro que ahora no vendría a vivir al centro, por nada.

CUCA: Convéncete, Manolo eso es como no vivir en Madrid.

MANOLO: ¿Y qué? ¡No tiene más que ventajas! Silencio, tranquilidad... En estas calles, entre otras cosas, no hay quien deje el coche. Ahora, por ejemplo, se ha armado un follón con uno que está mal aparcado... ¿No lo oís? (De la calle suben clamores de claxons).

CUCA: (Con alarma) ¿Mal aparcado, dices? ¡Mi coche! ¡Es mi coche! ¡Lo presiento!

MARTA: ¡Cuca! ¿Otra vez?

Sale Cuca precipitadamente de escena, dejando tras de sí cierta hilaridad. La pregunta quedará en el aire.

MANOLO: (Por CUCA) ¿Pero qué le pasa a ésta?

Fin del Primer Acto

ACTO II

Misma decoración. La situación enlaza con el final del Acto I, incluso repitiendo la última frase.

MANOLO: (Por CUCA, que acaba de irse) ¿Pero qué le pasa a ésta?

QUIQUE: Que no sabe aparcar.

MARTA: (Decidida. A MANOLO) Bueno, tú dirás.

MANOLO: Me apetecía haceros una visita. Simplemente. ¿Es tan difícil de entender?

MARTA: (Desabrida) ¡Mira qué amable!

MANOLO: ¿Te parece mal?

QUIQUE: ¡Mamá, por favor!

MARTA: (Terminante, a QUIQUE) ¡Cállate! ¿Quieres?

MANOLO: (A QUIQUE) Déjala. Es comprensible: hace tiempo que no vengo. ¡Claro que porque a tu madre no le gusta!

MARTA: Efectivamente: no me gusta.

QUIQUE: ¡Vamos, mamá! Tenéis que ser civilizados...

MARTA: (Impaciente) No empieces con eso.

MANOLO: Quique tiene razón.

MARTA: Cuando te conviene, Quique siempre tiene razón. Pero está bien, sigue.

MANOLO: ¿Qué siga el qué?

MARTA: Lo que estabas diciendo.

MANOLO: (Pasando por alto el tono y deseando estar conciliador y natural) Así que me dije: aprovechando que Cristina tiene que ir a Barcelona...

MARTA: (Irónica) Conque a Barcelona...

MANOLO: ¡A Barcelona, sí! Tiene un programa en la tres... (Para cortar suposiciones) Pero mañana vuelve.

MARTA: ¡Pues qué bien!

MANOLO: (Como si cayera en la cuenta) ¡Ya sé lo que estás pensando! ¡Seguro que habéis leído ya todas esas revistas!

MARTA: ¿Y tú no?

MANOLO: (Con aire despreocupado) ¡Por favor, Marta! ¡No me digas que haces caso de esas tonterías!

MARTA: ¡Si no lo haces tú!

MANOLO: Cotillas, habladurías sin fundamento. ¡Los periodistas son la leche!

QUIQUE: ¡Hombre, algún motivo tendrán!

MANOLO: ¿Motivos? ¡Sensacionalismo! ¡Puro y duro, y lo que no existe, lo inventan!

QUIQUE: ¡Pero, papá, no es ya lo que dicen! No tienes más que ver... (Coge la revista y se la enseña).

MANOLO: (Intentando mostrar despreocupación) Ya, ya lo he visto... (Hace como que desprecia pero mira por el rabillo del ojo y termina leyendo por lo bajo. Con reto, a QUIQUE) ¿Y qué?

QUIQUE: ¡Tío, por favor, que la está morreando!

MANOLO: ¡Vaya cosa! ¡Eso no quiere decir nada! Y no me llames tío.

MARTA: No lo entiendo: ¡con lo celosísimo que eras!

MANOLO: (Como si le insultaran) ¿Celoso yo?

MARTA: ¡Qué me lo digan a mí!

MANOLO: Tú eres mi mujer... (Marta va a hablar) ¡Y la madre de mis hijos!

MARTA: ¡Ya salió eso! ¡Y la santa! ¡Mira qué honor!

MANOLO: Cris es mi amiga, mi compañera sentimental...

Teatro: Comedia & Drama 71

MARTA: ¡Qué rica!

MANOLO: Nada más.

MARTA: Y nada menos.

QUIQUE: ¡Vamos, papá, confiesa de una vez que te los ha puesto por todo lo alto y con una publicidad!

MANOLO: Pues mira, en lo de la publicidad, estoy de acuerdo, ¡pero que me los ha puesto! ¡Eso sólo se pone cuando uno está ignorante!

MARTA: (No saliendo de su asombro) Entonces, ¿tú sabías?

MANOLO: ¡Naturalmente!

MARTA: (A QUIQUE) ¡Milagro! ¡Tu padre ha pasado de Otelo a consentidor!

MANOLO: ¡Mujer, entiéndeme! No es que sea plato de gusto, pero hay que comprender a Cris...

MARTA: De manera que hay que comprenderla.

MANOLO: Pues sí. Todo es un montaje publicitario. ¡Iba a estar tan tranquilo, si no! (Pausa) Cristina se debe a su público, y como va a comenzar una película, hay que echarle un poco de morbo...

MARTA: ¡Conque morbo! ¡Y pensar en el calvario que me hiciste pasar, ya desde de novios, que ni siquiera podía saludar a un conocido! Y ahora, ¡ale! Que la otra se promocione. ¡Menuda estafa!

MANOLO: ¿Pero es que vas a comparar? Tú eres...

MARTA: Ya. No sigas.

QUIQUE: Lo que está claro, papá, es que ya no puedes ir por el mundo de macho ibérico y Cristina, es mucha Cristina...

MANOLO: Bueno, bueno, tampoco te pases.

QUIQUE: Las cosas son como son y ya eres abuelo.

MANOLO: La culpa es de tu hermana, que siempre le gustó dar la nota.

MARTA: Como hija tuya, que bien se te parece.

MANOLO: ¡No me negarás que tener un hijo a su edad no es una excentricidad! ¡Hoy, antes de los treinta, nada, pero la niña tenía que hacerme abuelo!

MARTA: Pues mira, yo también soy abuela y no hago tantos dramas.

MANOLO: Tu caso es distinto.

MARTA: ¡Tiene gracia! ¿Y por qué es distinto?

Llaman a la puerta con insistencia. QUIQUE va a abrir. Entra presurosa PALOMA, muy joven, muy mona y muy moderna. Lleva una sillita con un bebé, una bolsa de viaje y un perrito en brazos.

PALOMA: ¡Mamá! ¿Sabes lo de papá? (Se queda parada y cortada al ver a su padre).

MANOLO: (Por lo bajo) ¡Otra!

PALOMA: Hola, papá. ¡Qué raro, tú por aquí! (Le besa) Lo siento de veras... No sé qué decirte...

MARTA: ¡Nada! ¡No le digas nada! ¡Si no le importa!

PALOMA: ¡No me lo puedo creer! Entonces, ¿no estás enfadado?

MARTA: Ya ves que no: se ha hecho muy flexible.

PALOMA: ¿De manera que no te importa lo de Cristina? ¡Me pasa a mí!

MANOLO: Bueno, me molesta la publicidad, el ir de boca en boca, el cachondeo de algunos, porque todos sabemos cómo son algunos... ¡Pero en fin! son gajes del oficio.

PALOMA: Me encanta que te lo tomes tan bien. Vas teniendo rodaje.

MANOLO: (A MARTA) ¿Ves? Tu hija lo entiende. (A PALOMA) Ya le he dicho a tu madre que se trata de un montaje publicitario.

PALOMA: ¡Claro, como es famosa! (Al perro, y dejándolo en el suelo) ¡Estate quieto, Gufy!

MARTA: (Hacia el niño) ¿Dónde está mi chiquitín precioso?

PALOMA: Déjale, que está pesadísimo. Cuando tiene sueño no hay quién lo aguante. Anda, toma el chupe. (Le mece un poco. A su padre) En realidad, tienes razón, papá: lo del morreo es lo de menos.

MANOLO: Bueno, ¡tanto como lo de menos!

PALOMA: ¡Lo de menos! La fidelidad es otra cosa.

MANOLO: Con esta gente joven, ¡da gusto! Lo entienden todo de maravilla... Claro que las fotos... ¡Las fotos joden mucho!

MARTA: ¿Pero no dices que te es igual?

PALOMA: (Por el niño) Menos mal que se ha dormido. Anda, mamá, llévalo dentro. (A QUIQUE) ¿Y tú por qué no te llevas a pasear a Gufy?

QUIQUE: Ni lo sueñes.

MARTA: (Cogiendo la sillita y llevándolo hacia dentro) ¡Está riquísimo!

PALOMA: ¡Qué va a estar!

MARTA: Eso sí: le noto un poco congestionado.

PALOMA: Es que es feo, mamá.

MARTA: ¿Feo? ¡Criatura! (Se va por la derecha).

PALOMA: ¡A ver! ¡Se parece al padre!

MARTA: (Desde dentro) Fede no tiene nada de feo.

PALOMA: (Hablando hacia el pasillo) Pero es raro. ¿O vas a negarlo también?

PALOMA se sienta con mucho estilo. Saca una botellita de agua mineral. Bebe un trago. Manolo dirá algo por lo bajo al respecto, como: ¡qué manía con el agüita!

PALOMA: Por cierto, pensé que estabas en la tienda!

MARTA: Pues ya ves que no.

PALOMA: Ya, ya me dijo María Jesús. Pasé primero por allí.

Entra Marta.

MARTA: ¿Y tú? ¿Es que no trabajas hoy?

PALOMA: No. Me voy con mi Jefe de viaje. Por eso te iba a pedir que te quedaras con el niño.

MARTA: (Desabrida) ¿Y con el Gufy también?

PALOMA: ¿Qué pasa con el Gufy? (Le hace una carantoña) ¡Pobrecito, con lo bueno que es!

QUIQUE: Me parece que te cuelas: mamá se va con Cuca.

PALOMA: ¿Qué te vas?

MARTA: (Casi sin atreverse) Pues sí.

PALOMA: ¡No puedes hacerme esto, tía! ¡Qué faena!

MARTA: Las cosas se avisan.

PALOMA: Te he llamado un montón de veces y siempre estás comunicando, y el móvil apagado, que no sé para qué lo tienes. ¿Y el enano? ¡Qué se quede el enano!

MARTA: Está esquiando.

MANOLO: ¿Y qué hace ése esquiando?

MARTA: Tú le diste el dinero.

QUIQUE: Por cierto, papá, que a mí me debes.

MANOLO: ¿Qué yo te debo?

QUIQUE: Recuérdalo: ¡mil euros de mi alma!

MANOLO: ¡Y una leche!

PALOMA: ¡Venga, papá! No seas rata.

QUIQUE: Me hace falta, tengo un montón de gastos este mes.

MANOLO: Pídeselo a tu madre.

MARTA: ¿Qué quieres? ¿Qué lo pague yo todo? ¡Ni que fuera el Banco de España!

MANOLO: Bueno, bueno, ya hablaremos...

PALOMA: (A QUIQUE) ¿Y tú no podías quedarte con ellos?

QUIQUE: ¿Yo? ¡Imposible! Tengo que ir al despacho, y Lola está de guardia.

MARTA: (Por lo bajo y con retintín) Siempre está de guardia.

QUIQUE: (a Marta) ¿Decías?

MARTA: (Evasiva) No, nada.

Llaman a la puerta.

MARTA: (A QUIQUE) Abre. Será Cuca.

PALOMA: ¡Pues ya está! ¡Qué se quede Cuca!

QUIQUE: (Saliendo a abrir) ¡Pero si se va con mamá! (Sale).

PALOMA: ¿Y tú, papá?

MANOLO: ¿Qué dices? No tengo ni idea ni de niños ni de perros.

MARTA: (Por lo bajo) Pues ya vaya siendo hora.

PALOMA: ¡Nada, que me jodéis el viaje!

Entra CUCA con aire triunfal seguida de QUIQUE.

CUCA: ¡Por fin!

MARTA: ¿Aparcaste?

CUCA: Casi.

MARTA: ¿Cómo casi? (QUIQUE y MANOLO ríen por lo bajo).

CUCA: ¡Ay, hola, Paloma, guapa, qué sorpresa! (Se besan) Por lo visto hoy se reúne toda la familia.

QUIQUE: (Dándole cuerda) Que si aparcaste...

CUCA: En doble fila. ¡Pero perfecto, ¿eh? ¡Una señora amabilísima: (mirando el reloj) me da de diez minutos a un cuarto de hora y luego me deja su sitio. ¡Qué detalle! Hoy día, un aparcamiento se agradece tanto como una herencia. (A PALOMA) Y bien, preciosa, ¿qué haces aquí? (Acariciando al perro) Hola, Gufy. (Nuevamente a PALOMA) Te encuentro monísima. Bueno, tú siempre tuviste mucho estilo.

MANOLO: Gracias por lo que me corresponde.

CUCA: A ti no se parece nada.

MARTA: (Por PALOMA) ¿Sabes? Viene a dejarme al niño.

CUCA: ¡Ah, no! ¡Eso ni hablar! Tu madre y yo nos vamos. (A MARTA) ¿Has hecho la maleta?

PALOMA: Es que yo también me voy.

MARTA: Pero vamos a ver, que yo me aclare: si tú te tienes que ir de viaje, ¿por qué no se queda tu marido con el niño?

PALOMA: ¡Pues ahí está el problema!

MARTA: (Con sospecha) No te habrá pasado algo con Fede...

PALOMA: ¡Todo! ¡Me ha pasado todo! ¡Me he ido de casa!

CUCA: ¿Tú también? ¡Ni que nos hubiéramos puesto de acuerdo!

PALOMA: (Con cachondeo) ¿Otra vez?

CUCA: Pepe, que está liado con unas gemelas.

PALOMA: (Echándose a reír) ¿Con unas gemelas? ¡Qué gracioso!

CUCA: (Con fastidio) ¡Nada, que a todo el mundo le parece gracioso!

MARTA: (A PALOMA) Un momento, un momento: dices que te has ido de casa... (PALOMA afirma ante la expectación de todos).

MANOLO: (A MARTA) ¿No te lo dije? ¡Siempre dando la nota!

MARTA: ¿Y se puede saber por qué?

PALOMA: Mamá, ¿tú sabes lo que es el amor fou?

MARTA: ¿Cómo fou?

CUCA: Loco, que dirían los franceses. ¡De película, mujer, que no hilas!

PALOMA: Exacto. ¡Bueno, pues yo tengo un amor fou, loco, apasionado, divino de la muerte!

MANOLO: (A MARTA) ¿Tengo o no tengo razón? (A PALOMA) ¡Tú, por quien tienes que estar loca, guapa, es por tu marido!

PALOMA: ¿Por Fede? ¡Pero qué dices!

MARTA: ¡Pero si estabas enamoradísima cuando te casaste!

PALOMA: Embarazada, es lo que estaba.

CUCA: ¡Ibas tan mona con ese vestido blanco tan largo! Por cierto, ¿qué has hecho con él?

PALOMA: (Despectiva) Unas cortinas.

CUCA: (Escandalizada, a MARTA) ¿Oíste? Dice que unas cortinas con esa tela que costó un pastón.

PALOMA: Y me han quedado fantásticas.

MANOLO: ¡Pero bueno! ¿Esto qué es?

PALOMA: ¡Nunca, nunca debí casarme!

MANOLO: Lo que no tenías que haber hecho es quedarte embarazada. (A MARTA) No estaba madura para casarse: te lo dije. Ni para casarse ni para nada.

MARTA: ¡Quién fue a hablar!

QUIQUE: ¿Queréis no chillar?

Ligero corte.

MANOLO: (Bajando el tono) Pero vamos a ver, hija, con calma: aparte de ese amor fou como tú lo llamas, ¿es que Fede no? ¡Bueno, ya me entiendes!

PALOMA: (Con gesto de aburrimiento) Sí, papá... Federico folla muy bien si es a lo que te refieres...

MANOLO: Podías ahorrarte el término. ¿Entonces?

PALOMA: ¿Pero es que los hombres creéis que sólo es eso?

MANOLO: (A MARTA, por PALOMA y con desdén) Pues mira, Palomita, vamos a ser claros: casi.

PALOMA: (A Marta) ¡Y luego dices que me parezco a él! ¿Y los afectos, la ternura, los detalles?

MANOLO: ¡Vaya por Dios! ¡Nos salió más rara de lo que pensé! (Breve pausa) No lo entiendo, Paloma, no lo entiendo: tu marido funciona, gana un buen sueldo, es de buena familia y hasta guapo... (Ella va a hablar pero MANOLO no le deja) ¡Sí, sí, guapo! ¿Es que crees que, con todas esas condiciones, se le pueden pedir detalles?

MARTA: La niña quiere decir...

MANOLO: ¡La niña, la niña! ¡Ya no es ninguna niña, joder!

PALOMA: Si os soy sincera, estoy muy decepcionada: el matrimonio me va como el culo...

MANOLO: ¿Y qué esperabas? ¿Qué te crees que es el matrimonio? ¡Uno tiene que poner de su parte y fastidiarse muchas veces! ¡Fas-ti-diar-se!

MARTA: (A CUCA) ¡Lo que hay que oír!

MANOLO: (A MARTA) ¡Eso es lo que tenías que haberle aconsejado a tu hija! que la has educado fatal.

MARTA: También lo es tuya y ya estás tú para darle ejemplo.

MANOLO: Sin ironías, Marta, que la cosa es gorda. ¡Despreciar un marido como Fede por cualquier playboy de pacotilla, o a saber!

PALOMA: ¡No es ningún playboy! ¿Y no te marchaste tú de casa y dejaste a mamá plantada?

MANOLO: ¡Cómo no iba a salir! ¡Para una cosa que hace uno en la vida, se la están restregando a todas horas!

PALOMA: No, papá, si yo no te reprocho nada.

MANOLO: Además vosotros ya estabais creciditos, mientras que mira cómo tienes el tuyo.

MARTA: Bueno, Manolo, basta ya. (Breve silencio) ¿Y de quién estás enamorada, si puede saberse?

PALOMA: (Después de un silencio) De mi Jefe.

MANOLO: ¡Qué vulgaridad! ¡Como cualquier estúpida secretaria!

PALOMA: Es que yo, papá, también soy una estúpida secretaria.

QUIQUE: (Con acento profesional) ¿Dices que de tu Jefe?

PALOMA: Sí, ¿qué pasa?

QUIQUE: (Con triunfo) ¿No os dais cuenta? ¡Eso puede considerarse acoso sexual!

CUCA: ¡Ya salió el abogado!

PALOMA: ¡No seas chorra, joder! La del acoso he sido yo.

MANOLO: ¿Y lo dices así? ¡Qué poca vergüenza!

PALOMA: ¿Qué quieres? ¡Me fulminó en cuanto le vi!

QUIQUE: ¿Está casado?

PALOMA: (Con aburrimiento) Síí...

MANOLO: ¡Encima, casado! Pero estas chicas de hoy no tienen cabeza...

MARTA: Calla, que os viene estupendamente. (A PALOMA) ¿Y no has pensado en su mujer?

PALOMA: ¡Pero qué dices, tía!

MARTA: ¡Qué no me llames tía!

PALOMA: Cuando una se enamora no piensa en esas cosas. (Breve pausa) Además, estamos en una sociedad competitiva y libre.

CUCA: También las gemelas tienen que saber que mi Pepe está casado, ¡y ya ves! ¡Las trae al pairo!

MARTA: ¡Ay, Cuca, deja ya a las gemelas! (Nuevamente a PALOMA) Pues deberías pensar: destruir una familia...

CUCA: (A MARTA) No te preocupes: ellos piden a gritos la destrucción.

PALOMA: ¿Pero de qué estás hablando? ¿Qué familia ni que leches? Estoy enamorada de un tío maravilloso y punto pelota.

MARTA: Eso parecen siempre.

PALOMA: ¡Éste sí! Y no emplees ese tono.

MANOLO: ¿Y qué edad tiene? ¡Porque tú, puesta a revolver!

PALOMA: Treinta y nueve... (Todos quedan callados. Como intentando arreglarlo) Pero parece mucho más joven.

QUIQUE: ¡Treinta y nueve! ¡Joder!

MANOLO: ¡Treinta y nueve! ¡Nada menos! Casi como tu padre.

MARTA: (A MANOLO) ¡No digas tonterías! ¡Qué más quisieras!

MANOLO: (A MARTA) He dicho casi. (A PALOMA) ¿Y no te parece que te lleva mucha edad?

MARTA: Desde luego, lo de la paja en el ojo ajeno no es lo tuyo...

PALOMA: Y tú, ¿cuántos le llevas a Cristina?

MANOLO: Mira, si me vas a estar poniendo de pantalla, no vuelvo a abrir la boca.

QUIQUE: ¡Vamos, tía! Papá tiene razón, que te has pasao tres pueblos.

PALOMA: Le das la razón porque te debe dinero.

MANOLO: Que no le debo nada.

QUIQUE: (A su padre) Eso, ya lo discutiremos. (A PALOMA) Y tú, piensa un poco...

PALOMA: No hay nada que pensar. ¿Te di mi opinión cuando te fuiste con Lola? ¡Y mira que me cae gorda!

MANOLO: En eso estamos de acuerdo.

QUIQUE: ¿Pero qué os ha hecho Lola?

MANOLO: A tu hermana, no sé, pero a mí... ¡Vamos, que si no es por ella, no sale ese reportaje! ¡Seguro!

QUIQUE: Te juro que Lola no tiene nada que ver.

MANOLO: ¿Y su hermana? ¿Tampoco tiene nada que ver su hermana, esa imbécil que se pasa de lista?

QUIQUE: Su hermana, no sé.

MANOLO: ¿Y quién le ha dado pelos y señales a la hermana para que escriba el bodrio que ha escrito?

QUIQUE: Charo es periodista y se debe a su profesión.

MANOLO: ¿Y a eso le llamas periodista? ¡Una vampira de mierda es lo que es!

MARTA: ¿Pero no decías que era un montaje publicitario y que no te importaba?

MANOLO: ¡Y encima que os debo dinero! ¡Tenía que cobraros la exclusiva, coño, que os ha salido gratis!

QUIQUE: Oye, que yo no tengo nada que ver...

MANOLO: Tú, como ella: los dos iguales.

MARTA: Por favor, Manolo, no seas borde.

QUIQUE: Eso, viejo, no te pases.

MANOLO: ¡Y además, viejo!

PALOMA: Tío, es un decir.

MANOLO: ¡Ni tío ni viejo!

MARTA: (A MANOLO) Pero bueno, ¿de quién estamos hablando? ¿De ti o de Paloma?

PALOMA: (Con resolución) De mí no hay más que hablar. Me voy con mi jefe y si he de llevarme al crío y al perro, pues me los llevo (Hace intención de iniciar la marcha).

MARTA: ¿Pero adónde?

PALOMA: Pues a Tokio.

MANOLO: ¡Nada menos!

CUCA: ¡Qué cosa! Antes todos iban a París.

PALOMA: Quiere presentarme a su familia.

MANOLO: ¿A su familia? (PALOMA asiente).

CUCA: Entonces, ¿es chino?

PALOMA: ¡Japonés, no seas burra!

MARTA: ¡Paloma, hija!

MANOLO: ¡De manera que japonés! ¡Naturalmente! ¡A la niña no le bastaba con que fuera casado y cuarentón, sino que encima es japonés! ¡Como hay tan pocos españoles!

CUCA: Pues cada vez menos.

PALOMA: ¿Qué pasa? ¿Acaso eres racista?

CUCA: ¡Pero, hija, Paloma, lo que cuentas es de película! ¿Cómo se llamaba aquella en la que una chica se enamoraba de un japonés y recordaba la ciudad esa de la bomba atómica?

MANOLO: Hiroshima mon amour, pero no hace al caso.

CUCA: ¿Cómo que no? Era preciosa y el japonés estaba que te mueres. A mí la película me dejó impactada: ¡era tan erótica!

MARTA: Pero ahora no estamos para hablar de cine.

MANOLO: Eso, Cuca, guapa, corta el rollo...

QUIQUE: Esto tuyo, querida hermana, es como tirarse sin paracaídas.

MANOLO: Mira, hija: yo no tengo nada en contra de los japoneses, chinos o negros. Entiéndeme: sabes que soy moderno, abierto, flexible, antirracista y demócrata.

MARTA: E irresponsable, para contrarrestar un poco tanta maravilla.

MANOLO: Pero tú no puedes romper con tu vida de la noche a la mañana. ¿Sabes dónde vas a meterte? Japón, por muy occidental que sea...

CUCA: Y terremotos, ¡por un tubo!

PALOMA: Akiro es mucho más europeo que yo.

CUCA: ¿Cómo has dicho que se llama?

PALOMA: Akiro Matsumoto.

CUCA: Oye, pues suena bien.

MARTA: Pero bueno, Paloma. Piensa un poco: ¿y si un día tienes que irte a vivir a Japón?

PALOMA: Pues me voy: ya sabes que yo me adapto de maravilla.

CUCA: ¡Ay, Palomita, hija, la que vas a liar!

MARTA: Tú no puedes privar a un niño de su padre, y el padre de tu hijo está aquí.

CUCA: ¡Claro, mujer! ¿Cómo va a ir Fede los fines de semana?

PALOMA: A Fede no le importamos ni el niño ni yo. ¡Entenderlo de una puta vez! Sólo el piso. Eso es lo único que quiere: quedarse con el piso.

CUCA: ¡Como que está en un sitio fantástico!

MANOLO: Pues que se olvide: el piso es mío. Y además lo necesito.

PALOMA: ¿Cómo que tuyo, si me lo regalaste?

QUIQUE: Pues claro, papá.

MANOLO: Eso está por ver, pero Fede, desde luego, nada.

PALOMA: Hombre, al fin y al cabo soy yo la que abandona...

CUCA: Yo también y no pienso ceder nada.

PALOMA: Podía dárselo como indemnización.

MANOLO: (A MARTA) ¡Tu hija es idiota!

QUIQUE: ¡No seas burra! Indemnización, ¿por qué?

CUCA: ¡Palomita, hija!

PALOMA: ¡Qué no me llames Palomita!

MANOLO: (Golpeando el suelo con el pie) No, si, todavía, se lo regalará.

QUIQUE: ¿Y pensión? ¿Has pedido pensión?

PALOMA: ¿Para qué? ¡No quiero nada suyo!

MANOLO: Esta chica no está madura: te lo dije, Marta. ¿Cómo vamos a regalar un piso de noventa metros cuadrados en pleno centro de Madrid?

PALOMA: ¡Y dale! Porque soy yo la que le planta, la que abandona.

QUIQUE: ¿Pero tú estás en Babia?

PALOMA: (A QUIQUE) Bueno, ¡pues encárgate tú!

QUIQUE: ¿Yo? ¡Ni lo pienses!

PALOMA: ¿No eres abogado?

QUIQUE: Pero necesito pedirle a Fede unos cuantos favores y no voy a ponerme a mal.

PALOMA: Vale tío. (Quique va a replicar. Terminante) ¡He dicho que vale!

Breve silencio. Suena el teléfono móvil de Paloma.

MANOLO: (A Paloma) ¿Es que no piensas cogerlo?

PALOMA: ¿Para qué? ¡Es el plasta de Fede! ¡Está así toda la mañana!

MANOLO: Pero puede ser importante.

MARTA: Por favor, Palomita.

PALOMA: ¡Qué no me llames Palomita! Sabes que lo odio.

Paloma lo coge al fin con gesto de fastidio.

PALOMA: ¿Sí? ¡Qué me dejes en paz! ¡Qué me olvides, Fede, tío! ¿Cómo te lo tengo que decir? ¡Lo hablas con Quique, joder! (Cuelga).

QUIQUE: A mí no me metas en líos.

PALOMA: ¿Eres mi hermano, o no? ¡Pues eso!

Nuevo corte. Breve silencio.

QUIQUE: Escucha, Paloma, hablemos con calma: tú quieres irte con el japonés, ¿no? Bien, ¡pues te vas, como si nada!

PALOMA: ¿Como si nada?

QUIQUE: ¡Naturalmente! Le dices a Fede que se trata de un viaje de trabajo, vives tu historia y te vuelves a casa tan ricamente...

MANOLO: Eso, y te quedas con el piso.

PALOMA: ¿Pero es que no os habéis enterado? ¡Eso es una guarrada y yo quiero a Akiro!

MANOLO: ¡Qué le quiere, dice! Pero, hija, hoy eso de querer, es un lujo.

PALOMA: ¡Pues me lo voy a permitir!

Se oirá un claxón insistentemente.

CUCA: ¡El coche! (Mirando el reloj) ¡Me pasé de hora! (Saliendo) ¡Esperadme, ¿eh? ¡Enseguida vuelvo! (Sale).

MANOLO: (Por CUCA) ¿Pero ésta qué se cree? ¿Qué esto es un serial?

Suena el teléfono. Se pone MANOLO.

MANOLO: ¿Sí? Hola, ¿cómo estás? No, soy Manolo... Sí, tu suegro...

PALOMA: ¿Otra vez ése? ¡Qué no me pienso poner!

MANOLO: (Al teléfono) ¿Pero qué coño os pasa? Bueno, no te preocupes, hijo...

PALOMA: ¡No le llames hijo!

MANOLO: (Al teléfono) Ya sabes cómo es de impulsiva, pero luego se le pasa... ¡Qué no, hombre! ¡Si ella te quiere!

PALOMA, que ha estado siguiendo con evidente rechazo la conversación, va decidida hacia el teléfono y se lo quita a su padre.

PALOMA: ¡No hagas caso a mi padre! ¡ni se me pasa, ni te quiero! Eso, de entrada.

MARTA: (A QUIQUE y por PALOMA) ¡Lo que es ésta para diplomático!

PALOMA: (Al teléfono) Todo lo que tengas que decir, se lo cuentas a mi hermano.

QUIQUE: Oye, que a mí no me indispongas.

PALOMA: (Sin hacer caso de QUIQUE) Él se encargará de todos mis asuntos, ¿vale?

QUIQUE: (Quitándole el teléfono) ¡Qué no quiero líos! Hola, Fede, soy Quique, ¿cómo te va? Bueno, tranquilo, tío, no le hagas mucho caso... Ya sabes que es una histérica...

PALOMA: ¿Histérica yo?

QUIQUE: ¿Dónde dices que estás? ¡Pero, hombre, sube, no te quedes ahí abajo!

PALOMA: ¡No quiero verle! ¿Es que no os habéis enterado?

MARTA: (A QUIQUE) ¿Qué está Fede abajo?

QUIQUE: En el bar de la esquina.

PALOMA: ¿Por qué tiene ése que venir? (Quitándole el teléfono a su hermano) Te dije que no me siguieras, que me dejaras en paz... ¿Es que no lo entiendes? (Con nueva e inusitada atención y cambiando de tono) ¿Qué dices que me he dejado? ¿También la American Express? ¡Chico, ni me había dado cuenta! ¡Qué palo! Bueno, pues gracias. Espera un momento, que ahora bajo. (Cuelga).

MARTA: ¿Qué pasa?

PALOMA: Nada, que me he dejado en casa las tarjetas de crédito.

MARTA: ¿Y te las ha traído? ¡Mujer, es un detalle!

PALOMA: Porque son personales y no puede sacar guita, ¡Qué si no! (Coge al perro, decidida) Vamos, Gufy. (Sale de escena).

MANOLO: (A QUIQUE) ¡Vete con ella! (Quique hace un gesto como diciendo: ¿para qué? MANOLO casi le empuja hacia la salida. Por PALOMA) Según está es capaz de cualquier barbaridad. Y de paso, te tomas un café.

QUIQUE: (Extendiendo la mano) Estoy sin blanca.

MANOLO: (Sacando a duras penas un billete) Tú siempre estás igual. ¿Pero qué haces con el dinero?(Se lo coloca a Quique en la mano).

QUIQUE: (Mirándolo) ¿Es una broma? ¡No tengo ni para empezar!

MANOLO: (A QUIQUE) ¡Qué te vayas te digo!

QUIQUE, de mala gana, sale. Quedan solos Marta y MANOLO. Se hará una pausa ligeramente violenta. A MANOLO se le verá nervioso.

MANOLO: Le he dicho a Quique que la acompañe porque Paloma es capaz de regalarle el piso a ese imbécil.

MARTA: ¿Imbécil? Hace un momento hablabas maravillas.

MANOLO: Fede es un gilipollas pero algo tenía que decirle a esa insensata de tu hija.

MARTA: También es hija tuya.

MANOLO: ¿Sabes lo que te digo? De Paloma, prefiero no hablar. Menos dejarle el piso, que haga lo que le de la gana que es lo que ha hecho siempre.(Marta va a hablar pero Manolo la corta terminante) ¡Es mayor de edad! ¿no? ¡Pues eso! (Va a donde están las bebidas. Antes de servirse) ¿Puedo?

MARTA: (Con retintín)Por supuesto. Estás en tu casa.

MANOLO: No te cachondees.

MARTA: Es verdad. De momento, es tan tuya como mía.

MANOLO: (Un tanto teatral) Ya, pero no vivo aquí. Eso es lo malo.

Pausa estudiada por parte de Manolo mientras se sirve. Agita el vaso y bebe un sorbito.. Se coloca la corbata y se pone en plan de tipo conquistador de barra de bar de copas.

MANOLO: (Volviendo a agitar el vaso y echando a Marta una mirada insinuante) La verdad es que te veo guapísima.

MARTA: (Desabrida) ¿Es eso todo lo que se te ocurre?

MANOLO: (Con mayor énfasis) Pero guapísima y más elegante que nunca.

MARTA: (Haciendo intención de irse por la derecha) Si vas a empezar a decir tonterías...

MANOLO: (Sujetándola) No te vayas, mujer. Estamos hablando. ¿Hasta cuándo vas a estar enfadada?

MARTA: Te equivocas: no estoy enfadada.

MANOLO: Lo pasado, ¡pasado!

MARTA: ¡Qué fácil se dice!

MANOLO: (Invitándola a sentarse) ¿Quieres sentarte, por favor? (MARTA se sienta junto a él. Carraspea) Ya sé que mi comportamiento dejó mucho que desear, pero me gustaría que pudiéramos entablar una relación más cordial... Es lo menos después de una convivencia de tantos años...

MARTA: ¿Dónde quieres ir a parar, Manolo?

MANOLO: ¿Por qué te crees que estoy aquí? No se trata de ninguna casualidad...

MARTA: Ya me imagino.

MANOLO: Sé que todo lo que diga se me volverá en contra y que es lógico que desconfíes, pero la verdad es que os echo de menos a ti y a los chicos...

MARTA: Eso lo dices hoy porque estás hecho polvo.

MANOLO: Lo digo porque es verdad, y lo que te imaginas no tiene nada que ver.

MARTA: (Levantándose) ¡Venga, Manolo! ¡Esas fotos se te han sentado en mitad del estómago!

MANOLO: ¡Me tienen sin cuidado! Lo de esa chica y yo...

MARTA: ¡Ah! Ya la llamas chica...

MANOLO: Bueno, lo de Cristina está roto, con fotos o sin ellas. (Pausa) En realidad, nunca pasó de ser una mera atracción... Un mero encoñamiento, y perdona la expresión... A menudo los hombres nos dejamos atrapar por cosas que a la larga no tienen consistencia...

MARTA: Pues te dio fuerte.

MANOLO: Es comprensible: estoy en mala edad.

MARTA: Yo también.

MANOLO: ¿Tú? ¡En lo mejor!

MARTA: ¡Qué alivio! ¡No, si según tú, yo nunca tengo problemas!

MANOLO: (En su idea) Llegar a los cincuenta es ponerse a temblar. ¡Y no te digo cuando surge el primer fallo!

MARTA: ¿Con quién fue? ¿Conmigo o con la otra?

MANOLO: No te cachondees. Te lo aseguro, Marta. ¡Hay que hacer verdaderos esfuerzos de autoestima!

MARTA: ¡Claro! y no hay nada mejor que buscarse novia y joven, además.

MANOLO: No lo tomes a broma: en el fondo no es más que una forma de reafirmar la personalidad. ¡Acostarse con alguien más joven es remozarse de golpe, ponerse en órbita!

MARTA: Gracias por tu asesoramiento: lo tendré en cuenta.

MANOLO: ¡Déjate de coñas! (Pausa. Temeroso) Entonces... es que no...

MARTA: Que no, ¿qué?

MANOLO: ¡Caray! Marta, no me lo pongas difícil... ¿No has pensado por un momento en la posibilidad? Ya me entiendes...

MARTA: Pues no.

MANOLO: Si no podríamos retomar... lo nuestro.

MARTA: ¿Qué nuestro? (Con suavidad) Ya no hay nada nuestro, Manolo, excepto los chicos.

MANOLO: No te creo.

MARTA: Es tu problema.

MANOLO: ¿Me quieres hacer creer que los sentimientos se terminan así como así?

MARTA: Recuerda: eso es lo que tú me dijiste.

MANOLO: ¡Lo que yo dije, lo que yo dije! ¡Se dicen muchas tonterías! (Se hará un silencio un poco tenso).

MARTA: (Con suavidad) Dejemos esto, Manolo, no conduce a nada...

MANOLO: ¿Tanto rencor me guardas?

MARTA: (Intentando ser conciliadora) No es eso...

MANOLO: Entonces, ¿qué es? (Sin esperar respuesta y paseando nervioso de un lado para otro) ¡No lo entiendo! ¡Te juro que no lo entiendo! A no ser que quieras pasarme factura.

MARTA: No se trata de ninguna factura...

MANOLO: Lo parece. O venganza. Y lo entiendo, Marta, ¿eh? Te juro que lo entiendo, ¡pero a estas alturas!

MARTA: Que no se trata de ninguna venganza.

MANOLO: ¿De qué sino?

MARTA: Es mucho más sencillo que todo eso: Supón que ya no te quiero... (Breve silencio).

MANOLO: (Intentando reaccionar) ¿Qué no me? ¡Estás de broma!

MARTA: ¿Tan raro te parece?

MANOLO: Es imposible que hayas cambiado de la noche a la mañana. Tú siempre me has querido. No lo niegues.

MARTA: No ha sido de la noche a la mañana: me has dado bastante tiempo.

MANOLO: Yo también lo pasé mal: no fue plato de gusto tener que dejaros.

MARTA: Nadie te obligó.

MANOLO: Pues mira, en cierto modo. Me lo pusiste muy difícil. No tuve alternativa.

MARTA: ¿Qué querías? ¿Qué la metiera en casa, que yo me fuera a vivir con vosotros, o, simplemente, que os dejara salir los fines de semana?

MANOLO: Bueno, Marta, no hace falta recrearse.

MARTA: Sí, mejor no remover aquello.

Nuevo silencio.

MANOLO: Dime la verdad, ¿hay otro? (Ella no contesta) Me han dicho que sales con Fernando.

MARTA: De vez en cuando. ¿Te parece mal?

MANOLO: Bueno, ya que me preguntas, he de decirte que no te va. (Ella va a interrumpirle. Tapándola) Que conste que es un consejo desinteresado, palabra... Fernando es inteligente, muy válido en su trabajo, tiene buena facha y un montón de etcéteras, pero no te va.

MARTA: Dame razones.

MANOLO: Es un egoísta.

MARTA: ¡Mira quién fue a hablar!

MANOLO: ¡Ojo! Que hay clases. De Fernando, y te lo digo yo que le conozco bien, no esperes nada: sólo mirará por él. Además está escocido... Es un tipo con recámara. Justo lo contrario de lo que te conviene.

MARTA: Eso dice Cuca.

MANOLO: ¡Menos mal que en una cosa acierta! (Breve pausa) ¡Claro que tú puedes hacer lo que quieras! (Silencio. Pasea nervioso) ¡En fin! Procuraré tomármelo con filosofía... pero te juro que no me lo esperaba...

MARTA: ¿El qué no te esperabas?

MANOLO: Pues esto... tu rechazo, tu indiferencia... Se ve que hoy no es mi día. Pero creo que eres injusta.

MARTA: ¿Injusta yo? ¡Tiene gracia! El señor se larga diciendo que tiene que rehacer su vida...

MANOLO: (Cortándola) ¡Y además de injusta, cometes un error! ¡Otra en tu lugar!

MARTA: Ya lo sé: ¡estaría contentísima!

MANOLO: (Despectivo) No lo tomes a broma: no hay tantas oportunidades... Francamente, Marta ¿qué crees que vas a encontrar a estas alturas? ¡Algún viudo con hijos o un separado con problemas!

MARTA: Te olvidas de los carotas y los desaprensivos.

MANOLO: ¡También, también! que hay más de los que piensas.

MARTA: Pues muchas gracias, por intentar salvarme del desastre. (Hace intención de irse).

MANOLO: (Sujetándola levemente con gesto suplicante) Perdona, Marta, no fue mi intención... (Se hace un silencio) ¿Tienes un cigarro? ¡No, deja, mejor no! ¡Y encima sin fumar, para joderme más a gusto! (Pausa. Piensa en decir una cosa o no. Al fin, se decide) ¿Sabes? ¿Quieres que te diga la verdad? Llevo dos días fuera de casa, en un hotel... Y lo peor es que estoy sin blanca.

MARTA: ¡No es posible! ¿Qué has hecho de tus cuentas bancarias de las que, por cierto, no he visto apenas nada?

MANOLO: ¡Como te manejabas bien!

MARTA: ¿Qué me manejaba? ¿Sabes lo que me costó poner en marcha el negocio? ¿Sabes lo que es tirar de tres hijos adolescentes que no hacen más que exigir, que todo les parece poco? Di, ¿lo sabes o ni siquiera te lo imaginas?

MANOLO: Siempre supe que saldrías adelante.

MARTA: Pues mira, habría necesitado más ayuda y menos fe. ¡Y ahora me vienes diciendo que en números rojos!

MANOLO: He vivido por encima de mis posibilidades. Como casi todo el mundo.

MARTA: Como casi todo el mundo, no. Yo he tenido que afilar mucho mi presupuesto. Y hacer muchos números.

MANOLO: Una chica como Cristina ¡ese fue el error! ¿Qué quieres que haga? ¡No tengo nada! Marta, ¡nada!

Silencio.

MARTA: ¡Conque era eso! Entonces no has vuelto porque me echaras de menos ni porque me encuentras monísima. ¡Ya me parecía a mí!

MANOLO: ¡Mujer, una cosa no quita la otra!

MARTA: (Sin poder ocultar la decepción) ¡Y pensar que he estado a punto de ablandarme! Está visto que las mujeres somos idiotas: ¡en cuanto nos sueltan dos palabritas!

MANOLO: Pero no es esto lo peor: tengo la sensación de que he tirado mi vida, de que he perdido lo que más me importa, que eres tú.

MARTA: (Tocada) ¡Déjate de frases! ¡Yo que te voy a importar!

MANOLO: (Ganando terreno) Pues me importas y te echo de menos. Te lo digo con el corazón en la mano... ¿Por qué no puedes creerme? (Va a abrazarla).

MARTA: (Débilmente) Por favor, Manolo...

MANOLO: ¿Quieres dejar de tratarme como si no nos conociéramos? (La abraza. Forcejeo. Beso furtivo).

MARTA: (Separándole) ¡Eres patético!

Llaman al timbre: un timbrazo estridente. Se corta bruscamente la aceptación-rechazo.

MANOLO: (Para sí, con fastidio) ¡Vaya, qué oportuno!

Sale MARTA a abrir después de haberse recompuesto rápidamente pelo y vestido. Manolo pasea nervioso con gesto de fastidio. Entra CUCA radiante. Se los queda mirando.

MANOLO: (Para sí) ¡Ésta tenía que ser! (Palpándose la americana y yéndose con evidente enfado) Lo siento: me he quedado sin tabaco.

CUCA: ¡Pero si no fumas!

MANOLO: Pues ahora sí.

MARTA: (Ofreciéndole) ¿Quieres?

MANOLO: No, gracias: los lights no me saben a nada. Enseguida vuelvo.

Sale MANOLO.

CUCA: (Por MANOLO) ¡Menuda cara lleva! Pues tú, ¡no digamos! ¿Ocurre algo?

MARTA: (Evasiva) Nada de particular...

CUCA: Como quieras. Ya lo soltarás.(Pausa) ¿Y Paloma?

MARTA: Abajo, con su marido.

CUCA: Ésos se arreglan, ¡seguro!

MARTA: No sé qué te diga.

CUCA: Me alegraría sobre todo por el niño: ¡pobrecito! ¡Irse tan lejos, él que está tan acostumbrado a vosotros!

MARTA: ¿Pero cómo va a estar acostumbrado si tiene seis meses? (Saliendo por la derecha) Por cierto, voy a echarle un vistazo. (Sale).

CUCA: (Se sienta y enciende un cigarrillo. Aspira el humo con delectación. En voz alta para que Marta la oiga) ¡Anda. que cuando te cuente lo que me ha pasado, no te lo vas a creer!

MARTA: (Desde dentro y con tono escéptico) Posiblemente.

CUCA: Bajo, ¿y a quién te crees que me encuentro?

MARTA: ¡Y yo qué sé!

CUCA: (Casi con apoteosis) ¡Pues a Pepe!

MARTA: (Entrando rápidamente) ¿A Pepe?

CUCA: ¡A Pepe! Como lo oyes. ¿No es fantástico? (Breve pausa. MARTA se sienta al lado de CUCA) Se conoce que él venía para acá y cuando vio mi coche en doble fila, pensó: ésta no puede tardar.

MARTA: Pues pensó mal, ¡Qué bates unos récords!

CUCA: Y se quedó esperando.

MARTA: ¡Qué temeridad!

CUCA: (Muy en la línea del secreto estimulante) Al principio hice como si no le hubiera visto y me metí muy digna en el coche... Tan digna, que se me rajó la falda, que no me daba el tiro. (Se mira la falda y la pierna).

MARTA: (Interesada) Y él, ¿qué hizo?

CUCA: Pues como no podía entrar, porque cerré las puertas, se puso a correr a mi lado y hablando a voz en grito, que se enteró toda la calle (Escenificándolo) «¡Cuca, que te lo juro, que todo es mentira! ¡Para!», Y yo venga a acelerar, dentro de lo que cabe, que había un atasco... «¡Cuca, que te lo juro, que me pongo de rodillas!», Y ¡zas! Dicho y hecho, el tío se planta en genuflexión delante del coche, ¿te lo imaginas? (Lo hace).

MARTA: ¡Menudo show!

CUCA: Y yo, entre que no encontraba sitio, que el que me traspasaba esa señora me lo quitaron mientras discutía con él, el caos circulatorio, Pepe a punto de atropello y todo el mundo mirando y opinando, porque incluso muchos me echaban a mí la culpa, ¡Qué hay un machismo, hija, de mucho cuidado! No sabía por dónde tirar.

MARTA: (Riendo) ¿Y qué hiciste?

CUCA: ¡Pues liarme a dar vueltas a la manzana con el otro detrás, que parecíamos un anuncio! ¡Algunos decían que estábamos haciendo un spot o que se estaba rodando una película! (Pausa) Y por fin, cuando encuentro aparcamiento, no se le ocurre otra cosa que subirse al capó y, por no tragarme a un tío, me he cargado un faro. ¡Fíjate que hace dos días que lo recogí del taller! (Hace una pausa que aprovecha para tomar aire y encender un cigarrillo) Por cierto, ¡Qué estoy indignada! ¡Pero indignada!

MARTA: No será con él.

CUCA: ¡Con esa víbora de Pili! Pero te aseguro que no pienso quedarme con las ganas: ¡me va a oír! (Saca el móvil decidida).

MARTA: ¿Qué vas a hacer?

CUCA: Tú déjame. (Marca) ¿Pili? Soy yo, Cuca... Sí, la mujer de Pepe... (Recalcando) el Jefe de tu marido...

MARTA: (Por lo bajo) ¡No seas borde!

CUCA: (A MARTA y también por lo bajo) ¡Qué se fastidie! (Al teléfono, con voz hipócrita) Pues estupendamente, ¡fíjate! a pesar de tus esfuerzos por lo contrario...

MARTA: ¿Pero qué dices?

CUCA: (Haciendo señas a MARTA para que calle) Sí, hija, sí... De sobra lo sabes... Y te llamo para decirte que me parece fatal lo que has hecho, pero la maniobra te ha salido mal... ¡Todo un montaje lo del chalet y las gemelas! Pepe me lo ha jurado sobre la Biblia, y cuando Pepe jura una cosa... ¿Qué me lo aseguras? Mira, no quiero oír más... Vamos a dejarlo... Lo que pasa es que hay mucha envidia por el mundo... ¡Qué bueno, que sí! En casa de Marta, ¿por qué?

MARTA: A mí no me mezcles.

CUCA: ¿Qué nos apostamos? ¡Por mí, lo que quieras! (Cuelga) ¡No te fastidia! ¡Y encima, chula! ¿Pues no dice la muy zorra que tiene pruebas y que se apuesta conmigo lo que quiera? ¡Pues bien! ¡Qué lo demuestre! ¡A ver cómo!

Entran en estos momentos PALOMA, muy acelerada, seguida de Quique y MANOLO. Intentan convencerla con frases como: «Tienes que ser razonable», «Compréndelo», etc.

PALOMA: ¡Qué no quiero hablar más! ¡Él me ama! ¡Me-a-ma! y eso es lo que importa.

MARTA: (Con triunfo) ¡Cuánto me alegro, hija!

QUIQUE: No te ilusiones, mamá, no van por ahí los tiros, que no te coscas un pelo.

MANOLO: (Con impotencia a Marta y a Cuca) A ver si vosotras lográis que entre en razón.

PALOMA: ¡Vais listos! ¡He dicho que me voy, y me voy!

MARTA: Pero por fin, ¿con quién?

PALOMA: ¡Pues con Akiro!

MANOLO: ¡Eso! ¡A cantar «Madame Butterfly»!

PALOMA: Papá, no te permito...

MANOLO: ¿Qué no me vas a permitir, si soy tu padre?

QUIQUE: (A CUCA y MARTA) ¡Menuda escenita! ¡No os podéis imaginar! ¡Y es que mi hermanita tiene un genio!

MARTA: Pero bueno, ¿se puede saber qué ha pasado?

PALOMA: No te preocupes, mamá: todo está bien.

MANOLO: ¿Cómo va a estar bien, si has tirado todo por la borda?

MARTA: Y con Fede, ¿qué pasa?

PALOMA: ¡Qué se quede con todo! ¡Con el piso...

MANOLO: (Cortándola violentamente) ¡No, el piso, no!

PALOMA: ¡El piso, los muebles, la lavadora, la nevera, el vídeo, la televisión! ¡Todo! ¡Qué se lo meta por el culo!

MARTA: Hija, no seas desagradable.

PALOMA: ¡Es verdad, mamá! ¡Con tal de no volverle a ver!

MANOLO: (A MARTA) Intenta convencer a esta insensata.

QUIQUE: Déjala, no hay nada que hacer: ¡como tiene mala conciencia!

PALOMA: ¿Mala conciencia yo? ¡Es él quien la tiene!

QUIQUE: Perdona, pero eres tú la que se va.

PALOMA: Por su culpa. Sólo por su culpa. Si se hubiera

comportado de otra manera... Pero Fede no me quiere: tú mismo lo has podido ver.

MARTA: ¿Es verdad?

QUIQUE: Bueno, muy romántico no estuvo.

MANOLO: ¡Natural! ¡Iba a estar encima con romanticismos!

PALOMA: ¡Le importo un comino, mamá, y el niño, otro tanto! ¡Pobrecito! Por cierto, ¿dónde está?

MARTA: Sigue dormido, no te preocupes.

PALOMA: ¡Pues ahora le da por decir que no es suyo! ¡Si el niño es, precisamente, lo único que es de él!

MANOLO: Exacto. Porque en la casa, ¿qué puso? ¡Nada!

PALOMA: Lo que yo me pregunto es por qué se casaría conmigo, si yo no se lo pedí... Y ahora que ve que le dejo, ¡ni se inmuta! ¡Todo se le va en hacer números y hablar de gananciales! ¡Asco, me da asco!

MANOLO: ¿Qué pretendes? ¿Qué encima te eche flores, después de lo que haces?

PALOMA: ¿Qué crees? ¿Qué él no tiene líos? (Con gesto expresivo) ¡Así! ¡Pues no he tenido que aguantar desde que nos hemos casado, que no respetó ni el parto!

CUCA: ¿Ni el parto? ¡Qué cosas hay que oír!

PALOMA: ¡Y encima se atreve a chantajearme el muy cretino! ¡Qué se lo coma todo y que le aproveche! ¡Estoy harta de una relación que es una puta mierda!

MANOLO: ¡Qué se coma lo suyo, pero no ochenta y pico metros cuadrados que yo te regalé!

PALOMA: ¿Qué te importa más? ¿Esos ochenta metros?

MANOLO: ¡Y pico, que casi son noventa!

PALOMA: Bueno, pues noventa de mierda, ¿o tu hija?

MANOLO: ¡De mierda, nada, que valen sus millones!

CUCA: (A MARTA, por MANOLO) ¡Chica, está de un fenicio!

MARTA: (A MANOLO) Desde luego, te estás pasando...

PALOMA: (A su padre) ¿Sabes lo que te digo? ¡Qué se acabó! ¡Estoy harta de hablar de dinero!

MANOLO: ¿Y de qué otra cosa se puede hablar?

PALOMA: ¡De amor! si no te importa. (Con resolución) ¿Dónde está el niño?

MARTA: En mi habitación. (PALOMA va hacia la derecha decidida. Tras ella) ¿Pero no quieres que me quede con él?

PALOMA: No te preocupes, mamá: he hablado con Akiro y está todo arreglado: me lo llevo.

CUCA: ¿Al perro también?

PALOMA: ¡Naturalmente! Akiro dice que nos vamos todos.

QUIQUE: ¡Pues ya es mérito, porque con lo arisco que es el Gufy!

PALOMA: (Al perro, que sería fenomenal que gruñera) ¿Arisco él? ¡Pobrecito! (Breve pausa) Akiro quiere al niño y al perro porque son míos, ¿verdad? Y dice que todos formamos una familia.

CUCA: ¡Qué detalle el del chino, oye!

MARTA: Que no es chino, mujer.

PALOMA: Es que Akiro me quiere, Cuca. Ésa es la diferencia.

MARTA: No sé qué me da que te vayas así...

PALOMA: No te preocupes, mamá, todo saldrá bien.

MARTA: ¡Ay, no sé! Me quedo mal.

PALOMA: ¡Qué no! Cuanto antes nos acostumbremos a

estar todos juntos, mejor. (Haciéndole una breve caricia) Tú vete, mamá, y pásalo bien. Te hace falta. (A CUCA) Cuídamela mucho. (Se va por la derecha).

CUCA: (Sin saber cómo plantearlo a Marta) El caso es que... ya te he dicho que me he quedado sin coche...

PALOMA: (Desde dentro) Pues os vais en el de mamá...

CUCA: Yo no sé conducir el de tu madre.

MARTA: ¿Pero qué tonterías estás diciendo?

CUCA: Que no sé, que no sé... ¡Y como a ti no te gusta la carretera!

MARTA: ¿De dónde sacas que a mí no me gusta la carretera?

CUCA: ¡Estoy harta de oírtelo!

Sale PALOMA con la sillita del niño.

PALOMA: Pero bueno, ¿qué os pasa? ¿Cúal es el problema? (A Cuca) ¡No me digas que te rajas!

CUCA: (A MARTA) Lo cierto es que... ¡Ya sé que te va a sentar mal! Pero... Me he vuelto a arreglar con Pepe (Marta va a hablar) ¡Ya sé! No me digas nada.

QUIQUE: Eso estaba cantao.

CUCA: ¡A ver! He tardado tanto en aparcar que, mientras tanto, me ha convencido...

MANOLO: (Como si el triunfo hubiera sido suyo) ¡Es que tiene un pico el tío! ¡Qué Pepe es mucho Pepe!

CUCA: (A MARTA) Supongo que te alegras...

MARTA: Pues mira, no. Estoy harta de tus historias: Vienes, me organizas un buen lío, que ni siquiera he podido ir a trabajar, ¡y ahora me dejas plantada!

CUCA: Compréndelo: Pepe quiere que vayamos esta noche a cenar para celebrarlo.

MARTA: ¿Y qué hacemos con el hotel?

CUCA: ¿Por qué no te vas tú?

MARTA: ¿Yo? ¿Con quién?

CUCA: Con Manolo por ejemplo. ¡Más cerca que le tienes!

MARTA: (Por lo bajo) Cuca, que te la juegas...

MANOLO: Cuca tiene razón. ¿Con quién mejor que conmigo?

CUCA: ¡Claro! ¿No me he reconciliado yo con Pepe?

MARTA: (Suavemente) Nooo...

MANOLO: (A MARTA) Pero bueno, ¿es que no te parezco bien? Pues todavía estoy muy potable... Mira, podríamos hablar largo y tendido, y unos días de relax nos vendrían de maravilla.

MARTA: (Yendo hacia el teléfono) Mejor, voy a anularlo. (A CUCA) ¿Tienes el teléfono?

PALOMA: Pues vete sola. ¿Qué problema hay? O llama a una amiga. O algún amigo. Alguien encantador...

MANOLO: (A PALOMA) ¿Pero qué estás diciendo? ¿Cómo se va a ir tu madre con un amigo, así, por las buenas?

PALOMA: ¿Y por qué no?

MANOLO: Porque no estaría bien.

PALOMA: ¿Pero no estáis separados?

MANOLO: ¡De hecho! De derecho, sigue siendo mi mujer. ¿O no, Quique?

QUIQUE: Bueno, desde el punto de vista legal.

PALOMA: ¡Ni legal ni leches! ¡Menudo morro!

MANOLO: (A Paloma) ¡Tú te callas, que bastante tienes con lo tuyo! (Paloma va a hablar. Imponiéndose) ¡Y además es tu madre!

PALOMA: Mamá es tan libre como tú.

MANOLO: Según cómo se mire. Y me parece completamente inmoral lo que estás diciendo. (A QUIQUE) ¿A ti te parece bien lo que dice tu hermana?

PALOMA: ¡Pero qué pedazo de cabrones sois los hombres!

MARTA: Cállate, Paloma.

MANOLO: Y además, que no. Aunque quisiera... ¡Ni que tuviera treinta años! A su edad, si se quiere un tío, hay que soltar pasta.

PALOMA: ¡Jo, cómo te pasas!

MANOLO: Yo no me paso: lo que estoy es en la realidad y lo más sensato es que se venga conmigo. No entiendo por qué no. ¡Encima que me ofrezco!

MARTA: (Mirando a Manolo con enorme desprecio) ¿Por qué siempre me das la repugnante sensación de que me estás haciendo un favor? (Breve silencio. A Quique que va a hablar) ¡Cállate! (Mirando a todos) ¡Estoy harta, harta de todos vosotros!

Nuevo silencio.

MARTA: (Sin perder la calma. A CUCA) Anda, dame el número del hotel... (CUCA se lo saca del bolsillo y se lo da. MARTA va hacia el teléfono).

MANOLO: Estás desaprovechando una oportunidad, mira que te lo advierto...

MARTA: (Al teléfono) ¿Hotel Semíramis? Mire, le llamo desde Madrid... Es para... (Se queda un momento como suspensa y cuelga. Luego, vuelve a marcar con decisión) ¿El señor Arenas, por favor? Gracias. (Todos se quedan expectantes) ¿Chencho, eres tú? Soy Marta...

MANOLO: (A los otros por lo bajo) ¿Pero a quién llama?

PALOMA: Tú te lo has buscado.

MARTA: (Riendo) Sí, la misma... ¿Cómo estás?

MANOLO: ¡Pero qué descaro!

QUIQUE: Cállate, papá.

CUCA: Eso, déjame oír.

MARTA: Verás, te llamaba porque tengo reservada una habitación en el hotel Semíramis... ¿Te acuerdas que te dije que me marchaba con una amiga? Bueno, pues resulta que le ha surgido un problema y no puede... y había pensado que si no tienes inconveniente... (Sonriendo) ¿De verdad? Oye, que si tienes algo que hacer... ¿Qué todo se puede posponer? ¡Estupendo!

QUIQUE: (Por lo bajo a MANOLO) Papá. Lo que es hoy, ¡te estás luciendo!

MARTA: Muy bien... ¿Dónde estás? De acuerdo... Sí, abajo. (Mira el reloj) Hasta ahora. (Cuelga suavemente) ¡Bueno, ya está solucionado!

CUCA: ¡No me digas que te vas con él!

MANOLO: ¿Quién es ese fulano?

MARTA: ¿Y qué te importa?

MANOLO: Tengo derecho a saberlo.

MARTA: Perdona: no tienes ninguno.

QUIQUE: (A Manolo que va a hablar) Calla, papá, y no pierdas los papeles.

MANOLO: (A MARTA) ¡Esto no te lo perdono!

MARTA: (Sin perder la calma) Estoy deseando que no me perdones algo.

MANOLO: ¡Delante de tus hijos buscarte un plan!

MARTA: No lo he buscado yo: está loco por salir conmigo. (Con reto) A pesar de mis años.

MANOLO: Algo querrá.

MARTA: ¡A mí! ¿Te parece poco?

MANOLO: (Despectivo) ¡Habrá que verle!

MARTA: Pues mira, es bastante mejor que tú. Y mucho más joven, por si te interesa.

MANOLO: ¡Un chulo! ¡Eso será!

MARTA: Tiene bastante más dinero que yo. Y que tú, en estos momentos.

MANOLO: (Sujetándola) ¡Pues no te vas! ¿Me oyes?

QUIQUE: Mejor no sigas, papá.

MANOLO: ¡Es tu madre! ¿Es que no te importa?

MARTA: (A MANOLO. Sin alterarse) ¿Quieres bajar la voz? (Breve pausa) Mira, Manolo, tú no vas a impedirme nada y yo no voy a enfadarme contigo, porque, en el fondo, te estoy agradecida: si no llegas a venir ni a hacer toda esta comedia (él va a interrumpirla, pero ella no le deja) ¡Sí, sí, comedia! Todavía estaría dándole a la cabeza y pensando que no tengo derecho a lo que voy a hacer: ya sabes, esos tontos prejuicios que nos parten la vida. Pero ahora todo lo veo muy claro: estoy cansada de tu egoísmo, de que me utilices, y de ser el comodín de todo el mundo, de estar al servicio de todos vosotros, y, por primera vez en la vida, voy a mirar también por mí. Quiero volver a ilusionarme, a pensar que merezco la pena, y a ver las cosas desde un punto de vista más amable.

MANOLO: ¡Vas lista!

MARTA: Pues mira, por lo menos, lo voy a intentar. Y no voy a permitirme el lujo de dejar escapar una oportunidad que quizás no se repita.

MANOLO: ¿Has terminado ya?

MARTA: Sí, y tenlo bien presente.

MANOLO: (Yéndose airado) ¡Tus hijos son testigos! ¡Y tú, Cuca! Cuando pida el divorcio, porque ahora sí, ahora sí que lo voy a pedir, ¡ni un euro! ¿Me oyes? ¡Ni un puto euro!

MARTA: (Sin perder la calma) ¿Acaso me lo pasas ahora?

QUIQUE: (A MANOLO que ha iniciado la retirada y tras él) ¡Un momento, tío, no te vayas, que me tienes que hacer el cheque! (Manolo se le queda mirando como si no entendiera) Ya sabes: los mil euros que me debes...

MANOLO: (Furioso) ¡Qué cheque ni qué!

Sale MANOLO. Se oirá un fuerte portazo y llorar después al niño.

PALOMA: ¡Qué gracioso! ¡Ya me lo despertó! (Lo mece).

QUIQUE: Sabía que me quedaba sin pasta: ¡cuando se cabrea!

Marta va hacia el interior.

CUCA: (Sujetando a Marta y por lo bajo) ¿Pero de veras te vas?

MARTA: Y tan de veras. Aunque si lo pienso detenidamente...

Sale MARTA decidida por la derecha. Todos se miran. Se hará un silencio.

QUIQUE: Os juro que me he quedado «planchao».

PALOMA: ¡No me lo puedo creer! Te juro que no me lo esperaba. ¡Hay que joderse!

QUIQUE: (A CUCA) Estoy seguro de que es un montaje, que todo lo ha dicho por papá...

CUCA: De montaje, nada. Es verdad. Y además, me pega que Chencho es majísimo.

PALOMA: (Con gran interés) ¿Le conoces? ¿Y de verdad es más joven que mamá?

QUIQUE: ¡Qué va a ser! ¡Qué todo es un farol!

CUCA: ¡Jovencísimo! ¡Treinta y tantos!

QUIQUE: ¡Ya! ¡Como los tuyos!

CUCA: (A QUIQUE) Oye, que yo no me he metido contigo.

PALOMA: (Con admiración y para sí) ¡Joder con la tía!

QUIQUE: (A Paloma) ¡No, si encima te parecerá ¡estupendo!

PALOMA: ¿Y por qué no?

QUIQUE: Porque eres una loca.

PALOMA: Y tú un estrecho.

QUIQUE: ¿Vas a negar que es una locura? Eso, si es verdad, que lo dudo mucho.

CUCA: Pues mira, un poco de locura, sí, pero maravillosa: Hoy, desde luego, nos están pasando cosas de película (por PALOMA) tú, te vas con un japonés que te adora, tu madre con un diseñador joven y guapo...

PALOMA: ¡Y diseñador encima, con lo que mola! (Breve pausa) ¿Y cómo dices que se llama?

CUCA: Chencho. Chencho Arenas.

QUIQUE: ¡Pues mira qué bien!

CUCA: ¡Y yo me arreglo con Pepe! ¡De cine! ¡No se puede pedir más!

Sale MARTA retocada (hasta se diría que se percibe su perfume), con un maletín.

CUCA: ¡Hija, qué rapidez!

MARTA: (Mirando el reloj. A los hijos, y señalando el interior) Ahí os dejo dinero, por si necesitáis.

QUIQUE: ¿Cuánto?

PALOMA: (A QUIQUE) ¡Coño, Quique, eres la bomba! ¡No te cortas un pelo, tío! (Suena el móvil de Marta).

MARTA: ¿Sí? Ahora mismo bajo. (Cuelga).

CUCA: ¿Pero en que ha venido ese, en helicóptero?

MARTA: Tiene el estudio enfrente.

CUCA: ¡Caray, Martita, cómo te lo montas!

MARTA: (Como si de repente se le hubiera ido todo el gas) ¡Ay,

Paloma, hija, no sé qué me da dejarte en un momento así!

PALOMA: Que no te dé nada, tía. Yo me voy a ir con Akiro...

MARTA: (Con cara de despiste) ¿Con quién?

CUCA: ¡Con el chino, mujer!

PALOMA: Pues eso, que yo me voy, te vayas o no te vayas y te pongas como te pongas. ¡Más claro! (Atrayéndola en gesto cariñoso) No te preocupes mamá. Todo está bien.

MARTA: (No muy convencida) Si tú lo dices...

PALOMA: Deja de preocuparte por nosotros: ya somos mayorcitos. Piensa en ti. Sólo en ti.

MARTA: Ten cabeza. Prométemelo.

QUIQUE: ¡No pides tú nada!

MARTA: (Al niño besándole) Adiós precioso... Y tú Gufi, sé bueno.

PALOMA: Tranquila, mamá. (Se besan) Te tendré al corriente. ¡Y pásalo muy bien!

MARTA: (A CUCA) ¿Bajas conmigo?

CUCA: Me quedo un poco con Paloma. Tengo que esperar a Pepe que se ha llevado el coche al taller.

MARTA: (A CUCA, nerviosa y como en secreto) Si vieras, ¡tengo una cosa aquí! (Se señala el estómago).

CUCA: Es la emoción. Siempre pasa. Yo también lo tengo.

MARTA: ¿Todavía?(Cuca afirma) ¡No tienes es arreglo!

CUCA: ¿Y qué puedo hacer? (Echándole un vistazo) Vas guapísima, hija. (A PALOMA) ¿A que sí? (Ésta asiente) Está visto que no hay mejor maquillaje que la felicidad.

Nuevamente despedidas y besos: escepticismo y recelo por parte de QUIQUE. Sale MARTA. Se hará un silencio que finalmente rompe Quique aplaudiendo con falso gesto de euforia.

QUIQUE: Perfecto... Perfecto... Me refiero a la actuación... ¡Venga, Cuca, ya está bien!

CUCA: (A PALOMA, con extrañeza) ¿Qué le pasa a tu hermano?

PALOMA: (Ocupada con el niño) ¡Ni caso!

CUCA: (Yendo hacia la ventana y asomándose) Daría cualquier cosa por verle. ¡Debe tener una facha! (A PALOMA y también para sí)Me lo imagino alto, moreno...

QUIQUE: (Para sus adentros) ¡Otra fantástica!

CUCA: (Nuevamente a PALOMA) Desde luego tu madre tiene que estarme agradecida: ¡si no es por mí!

QUIQUE: ¡Ya, como el hada madrina!

CUCA: Pues, casi, porque de tan bonito, parece un cuento.

QUIQUE: ¡Y tanto! Vamos, que es imposible, que no me lo creo.

PALOMA: ¿Y por qué es imposible?

QUIQUE: Porque lo es. Porque no puede ser.

PALOMA: ¡Otro como papá!

QUIQUE: Pues mira, tiene su razón.

PALOMA: Y también se ha pasado, si no te importa.

Llaman al móvil de Paloma.

PALOMA: ¿Si? Aquí. En casa de mi madre. ¿Qué ya estás? ¡Eres un cielo! (Sonríe con satisfacción) Y yo. Ahora mismo. ¡Chao!

CUCA: ¿Pero también ha llegado ese? ¿Por qué tengo que ser yo siempre la que disfruta de todos los atascos?

QUIQUE: Porque te va la marcha.

PALOMA: (Recogiendo sus cosas) Bueno, me largo. Adiós, Cuca, hija (Vuelve a besarla).

CUCA: Ya me contarás: ¡en ascuas me vas a tener!

Quique dirá algo por lo bajo referente a Cuca como cotilla o algo por el estilo.

PALOMA: (A QUIQUE) Y tú ya sabes: ocúpate de mis asuntos.

QUIQUE: Vas lista, si crees que me voy a indisponer con Fede por tu culpa. (Para sí) ¡Con todo lo que le pienso pedir!

CUCA: Hombre, se trata de tu hermana...

PALOMA: ¡Déjale! Es un egoísta, como todos. ¡Por mí, como si se la machaca! ¡Chao!

Llaman a la puerta. Los tres se quedan un poco en suspenso.

CUCA: (Con alarma) ¡El chino! ¡Ése es el chino!

QUIQUE: ¡Y dale con el chino! ¡Qué va a ser!

CUCA: Pues si no es él, es Pepe, que ya está de vuelta.

QUIQUE: ¡Esa es mamá! (Yendo a abrir con gesto de triunfo) ¿Qué os dije? ¡Ahí la tenéis! ¡Lo sabía!

CUCA: Me parece que te cuelas.

QUIQUE: ¡Es mamá! ¡Si la conoceré!

CUCA: Pues como sigas tan clarividente... Timbrazo.

QUIQUE: ¡Te apuesto lo que quieras! (Sale a abrir con gesto de triunfo).

CUCA: (a Paloma) ¡Nada, que está empeñado en que es tu madre! ¡No le cabe en la cabeza que se haya largado!

PALOMA: (Por Quique a Cuca) ¡Es que no lo puede admitir el muy machista! ¡No quiere reconocer que las tías nos hemos puesto las pilas y que ya no somos esclavas de nadie!

CUCA: ¡Qué van a reconocer! ¡Antes, se mueren!

QUIQUE asoma intentando contener la risa.

QUIQUE: Cuca, preguntan por ti.

CUCA: (Extrañada) ¿Por mí? ¿Quién?

QUIQUE: (Casi a punto de reír) ¡Unas gemelas! (La frase quedará en el aire unos momentos. Cuca mira a Paloma. Paloma a Cuca. Expectación).

CUCA: (Sin salir de su asombro) ¿Has dicho gemelas? (QUIQUE asiente con hilaridad) ¿Estás seguro? (Con tozuda incredulidad) ¡No puede ser! ¡Pero si no existen!

Con el gesto de incredulidad de Cuca caerá el telón.

§

Fin de «DE PELÍCULA...»

A VUELTAS CON LOS CLÁSICOS

Dramatis personae

EL ABUELO

~

ADELA
Hija menor de éste

~

JULIA
Hija mayor de El Abuelo
Hermana de Adela y esposa de Teo

~

TEO
Marido de Julia

~

HELENA
Hija de Teo y Julia

~

VÍCTOR
Marido de Helena

ACTO I

Época actual. La acción transcurre en una casa de campo, la tarde-noche de Nochebuena. La acción transcurrirá en un único espacio escénico: un salón, con ventanal al fondo, dos puertas a derecha e izquierda: la de la izquierda del espectador se supone que comunica con las otras dependencias de la casa, y la de la derecha, con el exterior. En el salón, estanterías con abundantes libros y los detalles necesarios para que el espectador en seguida capte que la acción se va a desarrollar en el seno de una familia acomodada y culta. En el centro, mesa de comedor y sillas y un adornado árbol de Navidad. En el proscenio, un rincón o punto de lectura: un pequeño sofá o dos butacas parejas.

Cuando empieza la acción estarán en escena EL ABUELO y ADELA.

EL ABUELO es un anciano algo torpe pero lúcido. ADELA, una mujer de mediana edad de aspecto eficiente y severo.

EL ABUELO está leyendo un periódico en una de las butacas. Pese a las gafas, parece hacerlo con dificultad.

ADELA está terminando de poner la mesa para la cena de Nochebuena.

Es media tarde. La luz de invierno entra por el ventanal. Las luces están encendidas. En esta primera visión, todo ha de dar la impresión de un ambiente cómodo, relajado y grato.

§

ABUELO: (A Adela, comentando una noticia de prensa) Dicen que los osos no están hibernando... y si los osos no están hibernando, es que algo anda mal, porque si no, estarían en su letargo, pero si no se encuentran en letargo...

ADELA: (Trajinando y sin prestarle atención) Sí, papá, sí...

ABUELO: Es porque algo no funciona correctamente en su cerebro ni en su instinto... ¿Oíste, Adela?

ADELA: Sí te oigo, papá.

ABUELO: Los osos no están hibernando...

ADELA: Bueno, ¿y qué?

ABUELO: ¿Cómo que y qué? ¿Es lo único que se te ocurre?

ADELA: ¡Qué te importará que hibernen o no!

ABUELO: ¡Pues claro que importa, Adela, claro que importa! Porque si no hibernan, es que algo anda mal, que algo se ha roto en el eslabón de la naturaleza.

ADELA: ¿Pero de dónde sacas eso?

ABUELO: (Señalando el periódico) De aquí.

ADELA: (Echando un vistazo) Ese periódico está atrasado.

ABUELO: ¿Qué importa que lo esté? ¡El atraso no cambia las cosas! Las empeora incluso. El asunto, Adelita, es que el problema existe. (Breve pausa) Pero claro, tú no te enteras: ¡como últimamente no lees los periódicos! Bueno, ni los periódicos, ni nada.

ADELA: (Desabrida) Estoy muy ocupada.

ABUELO: En lo que no deberías.

ADELA: ¿Por qué en lo que no debería?

ABUELO: Haces como que haces, pero no haces.

ADELA: ¡Ya estás con tus galimatías y tus jeroglíficos! A veces, no hay quien te entienda.

ABUELO: Porque no quieres pensar: si yo digo que los osos no están hibernando y que se están extinguiendo...

ADELA: ¡Otra vez con eso!

ABUELO: Es porque hemos roto la armonía del universo.

ADELA: ¿Es que estuvo en armonía alguna vez?

ABUELO: No sé si alguna vez, pero ahora desde luego, no.

ADELA: Bueno, papá, afortunadamente no es cosa tuya. Ni mía.

Silencio. Adela, después de ese paréntesis de atención a su padre, sigue trajinando. Después de unos instantes.

ABUELO: ¿Sabes por qué se extinguen los osos polares?

ADELA: (En el colmo de la paciencia) ¡A saber!

ABUELO: Porque se ha roto el esquema natural: ya no hay esquimales a quien comer.

ADELA: ¡No seas bárbaro! ¿Acaso te parecía bien que se comieran a los pobres esquimales?

ABUELO: Ni bien ni mal. Hablo de un hecho. El oso, querida, es un depredador. Como el hombre. No lo olvides.

ADELA: Pues que coman pescado. ¿No comen pescado también?

ABUELO: (Levantándose un poco trabajosamente y yendo hacia Adela) Verás, Adela, en la vieja tradición, cuando los esquimales llegaban a viejos y eran conscientes de que ya no servían para nada, de que ya no podían servir de ayuda a su familia ni a su comunidad, salían de sus refugios y se dejaban morir a manos de los osos.

ADELA: ¿Y te parece bien? ¡Eso es pura barbarie!

ABUELO: De acuerdo, lo será, pero todo el mundo lo aceptaba, formaba parte de la vida, pero ahora, ya no quedan esquimales, entiéndeme, no existe ya la conducta esquimal, que es la que alimentaba a los osos: los viejos terminan su vida en los asilos, confortablemente anestesiados...

ADELA: Como debe ser.

ABUELO: ¿Te parece? (Breve pausa. Adela le mira como tomándole por imposible) Y el oso se ha quedado sin comida.

ADELA: Y todo esto, ¿a qué viene?

ABUELO: Pues a que yo reivindico para mí esa causa perdida. Yo, cualquier día, me expondré a los osos.

ADELA: No sé dónde: aquí no los hay.

ABUELO: Es un decir, Adelita. Vamos, lo que quiero que sepas, es que no deseo que sigas cuidando de este pobre viejo.

ADELA: Deja ya de decir disparates.

ABUELO: Pero tampoco que me internes en una de esas horribles residencias.

ADELA: Yo no las veo nada de horribles. Hay médicos, enfermeras y una atención que ninguna familia, por mucho que se empeñe, puede dispensar.

ABUELO: Pero yo no quiero. No quiero para mí una muerte así: en una reserva de viejos, rodeado de enfermedad, sin ninguna belleza...

ADELA: (Totalmente despectiva) ¡La belleza! ¡Qué importará eso!

ABUELO: Claro que importa. La belleza es lo más importante de este mundo. Y el amor. (Pausa) Por eso, cuando llegue mi hora que será pronto...

ADELA: ¡Ya estamos con eso!

ABUELO: Me gustaría dejarme morir en medio de la naturaleza... Eso tan grandioso...

ADELA: ¡Menuda propuesta!

ABUELO: Es verdad: ya no sirvo para nada. Me tiemblan las manos y veo mal. Apenas si puedo escribir.

ADELA: ¿Y para qué quieres escribir a estas alturas? ¡Devanarte los sesos a lo tonto! ¡Energía tirada, esa fue tu vida!

ABUELO: Adelita, hija, tú no entiendes.

ADELA: Demasiado entiendo. ¡Claro que entiendo! (Pausa. Ligeramente compasiva) Mejorarías si tomaras las pastillas que te mandó el médico. Pero no: te cierras en banda.

ABUELO: (Alzando la voz) ¡No pienso tomarlas: se me va la cabeza y quiero morir en mis cabales!

ADELA: ¡No chilles!

ABUELO: No quiero morir sedado e inconsciente. Quiero la consciencia en ese momento último y único. ¿Me escuchas, Adela? (Suplicante) Dime que no lo permitirás. Antes de que me lleven al hospital, me cerquen a tubos o me lleven a uno de esos putrefactos asilos...

ADELA: ¡Residencias, papá!

ABUELO: ¡Llámalo como quieras, pero antes de que me lleven a un sitio así, tendré una muerte digna. ¡Prométemelo, Adelita, hija!

ADELA: (Evasiva) ¡Qué bueno, que sí! Pero, ¿por qué tienes que hablarme de muerte en un día como hoy? ¡Estamos en Navidad!

ABUELO: ¿Y eso que importa? ¡Como si la muerte se tomara vacaciones!

ADELA: ¡Qué no chilles!

ABUELO: Estoy sordo.

ADELA: Vas a despertar a Helena.

ABUELO: ¿Qué están durmiendo a estas horas?

ADELA: Se echaron después de comer. Estaban agotados del viaje.

ABUELO: (Después de un silencio) Helena no debería estar aquí.

ADELA: ¿Por qué no? Todos los hijos van a sus casas por Navidad.

ABUELO: ¡Navidad! ¡Pamplinas! Helena no es todos los hijos: ni siquiera es una hija como las demás. Se casó, ¿no? Pues eso. Todo quieto. En orden. Y así debería seguir.

Corte en la acción. ADELA sigue trajinando de acá para allá, como si en ello se le fuera la vida. Está visto que no quiere hablar del tema.

ABUELO: (Observándola) Trajinas, trajinas, sin sentido... (Adela no parece hacerle caso) Haces como que haces, pero no haces. ¿Y sabes por qué? Porque tú tampoco cumples con la naturaleza. Y con la naturaleza hay que cumplir.

ADELA: No empecemos con eso.

ABUELO: Es una obligación que tenemos como seres humanos.

ADELA: Es tu punto de vista. Precisamente como humanos, tenemos bastantes más opciones.

ABUELO: Hay una que una mujer no debería eludir.

ADELA: ¿Por qué lo dices? ¿Por qué no me casé?

ABUELO: Ningún hombre te parecía bueno.

ADELA: No lo eran. Al menos, los que se acercaron a mí.

ABUELO: No lo eran porque de antemano los odiabas, porque te empeñabas en absurdas ideas contra ellos. Pero te engañaste, y te engañas.

ADELA: Tú eres papá el único hombre que he querido.

ABUELO: Me respetas, pero no me quieres: represento para ti a un sexo odiado.

ADELA: Trabajo, soy independiente...

ABUELO: Bien, ¿y qué?

Nuevo corte. Entra JULIA.

JULIA, aunque mayor que ADELA, parece más joven que ella por su aire vital, un tanto frívolo y desenfadado. Una mujer dispuesta a vivir, a rehacerse, por encima de cualquier contrariedad.

JULIA: (Con alegre fastidio) ¿Cómo va eso?

ADELA: Va.

JULIA: (Sentándose casi de golpe) Acaba de empezar la Navidad y ya estoy agotada: me agobian estos días. (Al Abuelo) ¿Qué haces, papá?

ABUELO: (Doblando el periódico) Mal leyendo la prensa. Le decía a tu hermana que los osos...

JULIA: (Con gesto de extrañeza) ¿Los osos? ¿Qué pasa con ellos?

ADELA: (Con mirada cómplice a Julia) ¡Yo qué sé! Algo que ha leído...

ABUELO: Y que hay que cumplir con la naturaleza. Eso le decía.

JULIA: Y eso, ¿a qué viene? (Adela le hace un gesto como de despreocupación, para que no le haga caso. Volviéndose a ésta) ¡Ya está el pavo en el horno!

ABUELO: Todas las Navidades, pavo.

JULIA: ¿Qué tienes en contra?

ADELA: Cualquier cosa: hoy se ha levantado muy ecológico.

JULIA: ¡Pues bien que te gusta como yo te lo preparo: con castañas, pasas, manzana, naranja, canela y una pizquita de azafrán! ¿Eh? ¿Qué me dices?(Gesto cariñoso).

ADELA: ¿Siguen dormidos?

JULIA: (Intentando despreocupación) Siguen. Estaban cansadísimos: es mucho viaje y sobre todo los trastornos horarios.

ABUELO: (Para sí) No debería haber venido.

JULIA: ¿Por qué?

ABUELO: Se casó, ¿no? Pues todo está en orden. Y así debería seguir.

JULIA: Es Navidad, papá.

ABUELO: ¡Pamplinas!

JULIA: Querían despedirse: no les veremos en algún tiempo.

ABUELO: Mejor. Cuanto más distancia...

JULIA: Víctor fue el más interesado...

ABUELO: (Para sí y un tanto enigmático) Víctor, ese chico tan guapo, y tan generoso...

JULIA: (Con cierto reto) Sí. Tan guapo, tan generoso y tan brillante. Víctor está lleno de buenas cualidades. ¿Algo más que decir?

ABUELO: No, nada.

JULIA: Y además está enamoradísimo de Helena.

ABUELO: (Con dudoso convencimiento) Y ella de él.

JULIA: (Para que no le quepa duda) Sí, también. Y ella de él.

ABUELO: Sí, la verdad es que es un muchacho perfecto y digno de amor... (Pausa) ¡En fin! Me voy un rato a estirar las piernas.

ADELA: ¿Pero adónde vas con este frío?

ABUELO: El frío estimula.

ADELA: ¿No te bastó con la neumonía del año pasado? (Julia hace un gesto a Adela para que le deje en paz).

JULIA: ¡Cuando vuelvas, sacúdete bien las botas, no me llenes la casa de tierra!

Sale EL ABUELO.

JULIA: (Por El Abuelo) ¿Qué le pasa?

ADELA: Últimamente, tiene un humor muy variable: hoy le ha dado por no sé qué historia de los esquimales que se dejan comer por los osos...

JULIA: ¡Chochea! Siempre fue un poco rarito, y ahora para colmo, ¡la edad!

ADELA: Y peor desde que no escribe.

JULIA: ¿Tú crees?

ADELA: Le distraía, le hacía bien. Dejarlo, le ha matado.

JULIA: Yo veo que sigue en pie.

ADELA: Sigue en pie, pero le ha matado.

JULIA: A estas alturas, te lo he dicho un montón de veces, estaría mejor en una residencia, con gente de su edad.

ADELA: Pienso lo mismo, ¡pero cualquiera se lo dice! En cuanto empiezo a abordar el tema, me sale con el suicidio.

JULIA: ¡Tonterías! Tendrá que ir. Tú no puedes atenderle.

ADELA: ¿Pero cómo le convences?

JULIA: Nada de convencer: política de hechos consumados. Como a los niños. Déjamelo a mí.

Breve silencio. Trajinan.

JULIA: ¿Por qué diría lo de Helena?

ADELA: ¡A saber! Se levantó torcido.

JULIA: No, no. Lo decía por algo. (Pausa) Si te digo la verdad, yo también tengo miedo. Es como andar sobre un campo de minas: cualquier palabra, cualquier gesto, ¡y! Quizás tenga razón cuando dice que si todo está orden, es mejor no tocarlo.

ADELA: ¿De veras crees que está en orden?

JULIA: Con Helena todo es muy contradictorio: con ella lejos, no sufro... Parece como si aquello se hubiera diluido, pero con ella aquí otra vez, y en estos momentos precisamente... Sí, tal vez fuera mejor que no hubiera venido.

ADELA: Pero es Navidad...

JULIA: ¡Al cuerno con la Navidad! Me subleva este juego de falsa armonía. Porque no hay armonía, Adela, tú lo sabes: no la hay ni puede haberla.

Silencio denso.

ADELA: ¿Se lo vas a decir?

JULIA: ¿Para qué? Helena tiene su vida y yo la mía.

ADELA: Pero es tu hija y debería saberlo.

JULIA: Y yo su madre y no pareció tenerlo en cuenta.

Breve silencio.

ADELA: ¿Lo has pensado bien? (Julia asiente) ¿De veras vas a dejar a Teo según está?

JULIA: Es fuerte. Resistirá.

ADELA: ¿Y si no resiste?

JULIA: ¿Qué quieres que haga? ¡Tengo derecho rehacer lo poco que me queda!

ADELA: Podías esperar...

JULIA: ¿A qué? ¿A que se cure o se muera? Estoy harta de esperar. Las ocasiones se presentan cuando se presentan y a mi edad es raro que surjan. (Breve pausa. Con determinación) Me voy, Adela. Te parezca como te parezca y caiga quien caiga. Quiero a Carlos. Le quiero y me voy.

ADELA: Te vengas, Julia. Lo tuyo no es más que venganza.

JULIA: Si se tratara de venganza lo habría hecho mucho antes.

ADELA: ¡Pero ahora precisamente!

JULIA: No se morirá. (Intentando bromear) Teo es inmortal: casi como sus dioses.

ADELA: El médico, lo sabes, no dio demasiadas esperanzas.

JULIA: ¡Pues si se muere, que se muera! ¿Qué puedo hacer? ¡Le está bien empleado! (Breve pausa) Si me quedo, la que se morirá seré yo.

ADELA: ¿Lo ves como es venganza? Carlos no es más que un pretexto. Reconócelo, Julia. Un pretexto, con una buena cuenta corriente.

JULIA: No es ningún pretexto: es mi futuro.

ADELA: ¿Futuro a tu edad? ¿De veras crees que tenemos futuro?

JULIA: Todavía me quedan unos años buenos que pienso aprovechar.

ADELA: Lo que te queda es rencor.

JULIA: Carlos es mi oportunidad para salir de aquí, una forma de volver a sentirme joven y liberada de todo esto.

ADELA: ¿Ves como no le has perdonado?

JULIA: ¿Le perdonarías tú? (Breve pausa. Acusadora) ¡Sí, tú sí le perdonarías, pese a todas tus ideas tan feministas! ¿Y sabes por qué? ¡Porque tú tampoco eres inmune; también has sucumbido a su encanto, también te ha hecho entrar en su Olimpo familiar! ¡Por eso le disculpas, porque tú también le quieres, y cuando se quiere, no hay ideas que valgan, ni creencias, ni religión, ni nada! ¡Las bellas teorías se derrumban! Por eso, porque le quieres (Adela va a interrumpirle) ¡Sí, sí le quieres, déjate de disimular, de sobra nos conocemos, Adela! Siempre estás buscando excusas a su comportamiento, pero yo no puedo. ¡Lo he intentado, te aseguro que lo he intentado, pero no puedo! ¡Ni siquiera soporto su presencia! Siempre que le miro, recuerdo, veo aquello como una obsesiva película! ¡Siempre, siempre aquello clavado en mi retina, en mi memoria, en mitad de mi cerebro, como un coágulo! (Pausa. Pasea nerviosa) He intentado superarlo, decirme a mí misma que no es verdad, que todo es una idea fija, una alucinación fruto de un exceso imaginativo... Y sobre todo, he aguantado, he hecho como si no lo supiese, como si no fuera consciente de ello, porque así, mi integridad y la paz familiar quedaban a salvo...

ADELA: (Burlona e incrédula) Vamos, que lo hiciste por el honor y todas esas cosas...

JULIA: Naturalmente que lo hice por eso. ¿Por qué otra cosa si no?

ADELA: (Recitando burlona) «¿Qué es el honor? ¿Puede el honor reponerme una pierna, o un brazo o suprimir el dolor de una herida? ¿Qué es el honor? ¡Un soplo de aire!"

JULIA: No lo tomes a broma.

ADELA: ¿Acaso se puede tomar a broma a Shakespeare?

JULIA: (Volviendo a su idea) Sí, Adela, yo tenía que hacer ver que no veía, que no escuchaba, que no sabía, que nada de todo aquella monstruosidad era verdad. Por eso actuaba como si no pasase nada: tenía que resguardar mi reputación y la de todos. Era mi papel y mi deber. (Breve pausa) A eso nos enseñaron, Adela: a guardar las formas, a establecer distancias, a decir sonriendo que todo va bien, estupendamente, aunque estemos muertas de asco y de angustia... A eso nos enseñaron, Adela: a callar. Hice lo que pude: cumplí.

ADELA: No; no cumpliste: tu deber como madre...

JULIA: ¡Mi deber, mi deber! Hice lo que pude.

ADELA: ¿Pero no te das cuenta? Al callar, te convertiste en cómplice.

JULIA: ¿En cómplice yo? Yo no soy cómplice de nada. Soy inocente. La única inocente y víctima de todo este asunto.

ADELA: Tal vez no seas culpable, pero tampoco inocente. Tenías que haber actuado, haberla protegido: era una niña indefensa.

JULIA: ¿Indefensa? ¡Nunca fue inocente ni indefensa! Yo creo que por no ser, ni siquiera fue niña. Ella y nadie más, fue la culpable de que aquello pasara.

ADELA: ¿Cómo puedes decir eso?

JULIA: Porque es verdad. ¡Tenías que haberla visto cómo se insinuaba, cómo coqueteaba con él! Y yo, ¿qué podía hace sino callar? ¿Cómo iba a hablar en contra de mi propia hija?

ADELA: Aún así. La hubieras defendido de sí misma.

JULIA: No; no la hubiera defendido. La hubiera hundido, Adela, hundido para siempre. El buen nombre es lo único que a veces nos queda. ¿Sabes lo que son los tribunales, los juicios, la prensa, el escándalo? Con mi silencio yo la evité toda esa tortura. Si hubiera hablado, aunque hubiera sido a su favor, estaría manchada para siempre. (Breve pausa).

ADELA: Tampoco querías mancharte tú. Te era más cómodo mirar hacia otro lado.

JULIA: También. Me horrorizaba verme mezclada en todo eso. Si, lo admito: mea culpa.

Silencio. Transición. JULIA hace un gesto de despreocupación y cambia de registro.

JULIA: ¡Y ahora a hacer el paripé: a preparar la cena, el arbolito, los adornos, la vajilla de las celebraciones! ¡Mierda!

Transición. Nuevo silencio.

ADELA: ¿Tampoco le vas a decir a Helena que su padre está enfermo?

JULIA: Tampoco. No es el momento.

ADELA: ¡Claro que lo es! Más que nunca.

JULIA: ¿Qué quieres? ¿Avinagrarme la noche? Helena y Víctor no pueden marcharse con esa preocupación. Además, Teo no quiere: nunca le gustó el papel de víctima.

Adela va a replicar pero se calla ante la entrada de TEO que acaba de entrar. No obstante, la discusión flota en el aire. TEO, un hombre de unos sesenta años, vigoroso aún; de un vigor más intelectual que físico. Cierta tristeza en su semblante de madura belleza. Parece ausente. Fuma.

TEO: (Amablemente) ¿Otra vez discutiendo? ¿De qué se trata hoy?

JULIA: Y tú fumando. (Sin esperar contestación) Al menos podías salir al porche...

ADELA: (A Teo, suavemente, como si regañara a un niño pequeño) Julia tiene razón...

TEO: ¿En qué? ¿En lo de fumar o en lo de salir?

ADELA: ¡Siempre por la tangente! (Nuevamente en tono dulce) ¡Si pusieras un poco de tu parte!

TEO: (Cortándola amablemente) Por favor Adela, no me vengas a estas alturas con frases piadosas: me muero y lo sé.

JULIA: (Sin poder contenerse) ¡Te mueres, te mueres! ¡Pues si te mueres, tú te lo has buscado! (Marchándose llorando) ¡Mierda, mierda de todo!

Sale hacia el interior JULIA. Quedan solos TEO y ADELA. Breve silencio.

TEO: (Por Julia) Comprendo que esté contrariada y nerviosa: vive en una contradicción...

ADELA: ¿Contradicción?

TEO: Por un lado desea dejarme, lo está deseando...

ADELA: (Cortándole) No digas eso.

TEO: Pero su sistema moral, ese que llevamos enquistado como otro cáncer, ese que nos incomoda la conciencia, dice que se quede un poco más, que aguante, que resista, que sea misericordiosa con este pobre enfermo... ¡Equivocada filosofía! Nacemos y morimos solos, Adela, y hay que enfrentarse a ese hecho.

ADELA: Ni nacemos ni morimos solos. Únicamente los desgraciados lo hacen así.

TEO: Todos, cuñada, todos. El tránsito de la nada a la vida y de la vida a la nada, se hace en soledad. Es algo que no se puede compartir.

ADELA: (Para consigo misma) ¡La nada! ¡Dices la nada! ¿Y no te asusta?

TEO: Forma parte de la vida. Eso es todo. (Pausa) Pero Julia todavía cree que hay que reconfortar, ayudar, acompañar... ¡Por eso tiene mala conciencia! (Con ironía piadosa) ¡Pobrecilla!

Silencio.

ADELA: No lo entiendo: ¡te encontrabas tan bien!

TEO: Sí, físicamente, mejor que nunca... ¡Ironías de la vida! Hacía poco que había empezado ese libro que me hacía tanta ilusión y que quedará inconcluso. Empezaba a salir del túnel, de esa depresión que me hundió hasta el cuello cuando Helena se marchó...

Breve silencio.

ADELA: ¿Sufres todavía?

TEO: (Afirmando) Todavía.

ADELA: Papá dice que no debería haber venido.

TEO: Tal vez.

Breve silencio.

ADELA: ¿Cómo te enteraste de lo de Julia? ¿Te lo dijo ella?

TEO: No hizo falta. Las mujeres cuando os enamoráis, sois como el cristal.

ADELA: (Con reproche) ¿Y te parece bien?

TEO: Carlos es un buen tipo. La hará feliz. Y en el caso de que no lo sea, estamos en una edad en la que la decepción se amortigua: cada vez exigimos menos. Aceptamos nuestra decadencia, los achaques, la enfermedad, la muerte que se avecina... ¿Por qué no la iba a hacer feliz un tipo vulgar?

ADELA: Vulgar, pero honesto. (Recalcando) Y fiel.

TEO: Lo sé, lo sé.

ADELA: ¡Y te quedas tan fresco!

TEO: ¿Qué quieres que haga?

ADELA: Pues a mí no me parece bien: dadas las circunstancias, debería quedarse contigo.

TEO: Es ahora cuando tiene la oportunidad de librarse de mí.

ADELA: ¡No te entiendo! ¿Cómo es posible que aceptes que Julia te abandone en un momento así?

TEO: Demasiado aguantó.

ADELA: No tanto: la vida contigo le era cómoda.

TEO: Y humillante.

ADELA: ¿Humillante? ¡No hay nada más humillante que tener que levantarse todos los días a las seis de la mañana y aguantar a un jefe que no sabe por donde se anda!

TEO: Creí que te gustaba trabajar...

ADELA: Y me gusta, pero me costó mucho llegar a donde estoy. A Julia todo le fue fácil. Desde niñas. Parecía tener una varita mágica.

TEO: (Después de una pausa y en tono conmiserativo) ¡Cómo la odias, Adela!

ADELA: No es odio.

TEO: Lo es.

Pausa.

TEO: No deberías quejarte: al fin y al cabo eres una mujer libre e independiente.

Adela se acerca a Teo. Le sujeta, le mira de frente.

ADELA: Mírame, Teo. ¿De veras crees que soy tan libre, tan independiente? (Teo la mira pero no dice nada) Dices que las mujeres cuando nos enamoramos, somos como el cristal... (Pausa. Más intensamente) ¿Soy yo de cristal, cuñado?

TEO: (Alejándose evasivo) Todo lo contrario: te veo hermética.

ADELA: ¡Hermética! (Buscándole la mirada) Eso es que no te has fijado bien... No me extraña: por lo general no soy objeto de mucha observación... (Volviendo a sujetarle y a colocarse frente a él) ¿De veras no ves nada?

TEO: No puedo ver nada porque no hay nada. Tú, querida Adela, nunca quisiste a nadie. Y esa ha sido tu suerte. (Pausa. Para sí) La pasión corroe; el amor es una debilidad y una servidumbre. Cuando se marchó Helena yo creí morirme. Ya ves, mucho más que ahora. (Nuevamente a Adela) Tu eres fuerte, Adela. Te has liberado de todo sentimiento. Eres el ser más libre que conozco. Por no amar, no amas ni a tu padre.

ADELA: Te equivocas, Teo: yo también sufro y haría por ti lo que Julia no es capaz de hacer.

TEO: Lo dices porque me ves enfermo. No sientes otra cosa que compasión.

ADELA: No sé lo que es la compasión: me produce más lástima un animal, que un ser humano. (Breve pausa) No Teo, no. No es lástima ni compasión. Es deseo. Y amor. Lo sé a través de muchas noches en las que soñaba contigo, de posibles amantes a los que rechazaba por el hecho de no ser tú. Y te lo digo ahora cuando me has hecho perder toda esperanza. Te lo digo, como una expiación. (Pausa) Hubiera sido muy dulce quedarme aquí, contigo, acompañándote en este tiempo que te queda, pero ahora no: ¡ahora no quiero quedarme aquí! ¡Quiero castigarte y castigarme!

TEO: (Hacia ella y sujetándola con dulzura) ¡Qué complicadas sois las mujeres! Poseéis una dualidad atormentada, ¡y la vida es tan sencilla! (Pausa. Suplicante) Eso sí, una cosa te pido: no le digas nada a Helena. Me refiero a mi enfermedad. No quiero que lo sepa. Tampoco le digas lo de su madre.

ADELA: ¿Por qué no ha de saberlo?

TEO: Podía no gustarle.

ADELA: Helena no es quién para juzgar a nadie.

TEO: Pero no quiero que se preocupe. Tiene que vivir libre de nosotros. Despreocupada de nosotros. (Pausa. Se vuelve a ella y le coge las manos con súplica) Deseo más que nada que sean felices. Di, ¿me lo prometes?

ADELA: (Después de una pausa. Condescendiente) Está bien.

TEO: ¿Lo juras?

ADELA: Ya te he dicho que está bien.

TEO: ¡Júramelo!

ADELA: ¡De acuerdo, de acuerdo! ¡Lo juro!

Entra EL ABUELO. Se frota las manos con gesto de frío.

ABUELO: Se agradece entrar.

ADELA: ¡Tú y tu manía de estirar las piernas!

ABUELO: Tengo que andar, prescripción facultativa. Estás harta de decírmelo.

ADELA: Pero no con estas temperaturas. Y todo por fumar, que a mí no me la das. Pero como te vuelva a dar la neumonía...

ABUELO: Ya sé, ya sé.

ADELA: ¡Estás avisado!

ABUELO: Sí, hija sí.

ADELA: (Saliendo hacia el interior irritada) ¡Me pones furiosa! ¡No se puede contigo!

Sale ADELA.

ABUELO: Sí, vete, vete... (A Teo) Ése es el mayor defecto de las mujeres: son pesadas. Hay que estarles dando cuenta de lo que hacemos o dejamos de hacer minuto a minuto... Se preocupan demasiado de nosotros... Demasiado. Nos tratan como si fuéramos niños.

TEO: Somos sus niños. Necesitan que lo seamos.

Transición.

ABUELO: Estos alrededores son preciosos. Es un buen sitio.

TEO: ¿Para qué?

ABUELO: (En tono irónico) Para iniciar «el invierno de nuestro descontento».

TEO: ¡Ya!

Se hace un silencio

ABUELO: Si por Adela fuera, no saldría a la calle. Me tendría como una flor de estufa: tiene miedo a que coja una pulmonía como la del invierno pasado, pero a mí me gusta pasear, salir, airearme... Además está haciendo un tiempo relativamente benigno...

TEO: Sí. Lo malo está por venir.

ABUELO: Febrero es el peor mes. (Intentando quitar importancia a la frase) Es el mes de la muerte, pese a ser el más corto.

TEO: (Para sí) ¿Febrero? No, no me gustaría.

ABUELO: ¿El qué no te gustaría?

TEO: No, nada. Pensaba qué mes será el más indicado para morir. En primavera debe ser muy triste. Quizás en otoño. ¿Pero qué mes del otoño? Bueno, cualquiera diría que podemos elegir.

ABUELO: (Con resolución) Podemos. Y no sólo el mes. También el día y el momento.

TEO: Ya. Pero no es fácil. Decidirse, digo. Quizás sea cobarde (Pausa. Sacando la cajetilla y ofreciéndole) ¿Un cigarro?

ABUELO: No debería fumar. (No obstante lo coge) Ni tú tampoco.

TEO también coge otro. Los encienden. Ambos fuman con satisfacción y complicidad. El humo asciende.

ABUELO: ¡Si me viera mi hija!

TEO: Pero no te ve.

ABUELO: Pero me huele. Me olisquea a todas horas como un perro de caza.

Ríen divertidos, como dos niños ante una travesura.

ABUELO: (Saboreándolo) Parecemos dos críos desobedientes.

TEO: Lo somos.

ABUELO: Los únicos de esta casa que infringimos las normas.

TEO: (Con nostalgia) También Helena.

ABUELO: (Con recriminación por la alusión a Helena) Helena ya no es de esta casa.

Silencio. La alusión a HELENA flotará unos instantes. Se hará presencia.

TEO: Sé que Ud. no quería que viniera.

ABUELO: (Como al chiquillo a quien se coge en falta) No, no; está muy bien. Es Navidad.

TEO: Vamos, no disimule conmigo. (Breve pausa. En tono más bajo) Dígame cuanto tenga que decir, pero sea compasivo.

ABUELO: (Después de una pausa y como si tuviera que medir lo que va a decir) Siempre lo fui. (Algo más bajo. Casi para sí)

De lo contrario, te habría matado.

TEO: Debió hacerlo. Me habría evitado sufrimiento.

ABUELO: No fue compasión. Simplemente, me pilló demasiado viejo. Es lo malo que tiene la vejez: esa perpetua certidumbre de que nada importa demasiado. (Intentando tomarlo a broma) Como lo de fumar. (Breve pausa) Y ahora, ¿cómo no ser compasivo cuando estamos los dos a las puertas del abismo?

TEO: ¿Lo sabe, verdad? (El Abuelo afirma tristemente) Y ni siquiera se molesta en decirme falsas palabras de consuelo...

ABUELO: ¡Para qué! Lo que tenga que ser, será.

Sale el Abuelo después de haber dado una última calada. Queda sólo TEO.

TEO: Tiene razón. ¿Para qué fingir?

Fuma pensativo. Entra en estos momentos HELENA, joven bella y de aspecto inteligente. Da la impresión de que busca a alguien y que entra por equivocación.

HELENA: (Haciendo intención de irse) ¡Perdón!

TEO: Helena...

HELENA: ¿Qué?

TEO: ¿Descansaste ya? (Helena afirma y vuelve a hacer intención de irse) ¿Adónde vas con tanta prisa?

HELENA: Estaba buscando...

TEO: Fúmate un cigarro conmigo.

HELENA: (Acercándose con precaución) Lo he dejado. (Ante la cara de extrañeza de Teo) A Víctor le molesta el humo.

TEO: ¡Bien hecho! Un chico perfecto, Víctor. Y muy ecológico.

HELENA: Sobra la ironía.

TEO: No es ironía. Lo decía en serio. (Pausa. Le ofrece un cigarrillo) ¿De veras que no? (Helena niega) ¿Ni como excepción? (Vuelve a negar) ¿ni por ser Navidad?

HELENA: Ni por ser Navidad.

TEO: De manera que definitivamente...

HELENA: Definitivamente. (Con intención) Como otras cosas.

TEO: (Pasando por alto el tono de Helena) ¿Te acuerdas? Nos gustaba sentarnos aquí a fumar y a charlar. Pero está visto que eran otros tiempos.

HELENA: Sí, eran otros tiempos.

Breve silencio. TEO la mira.

TEO: Te veo bien.

HELENA: Estoy bien.

TEO: ¿Eres feliz?

HELENA: Mucho.

TEO: Me alegro, hija.

HELENA: ¡Por favor, no disimules conmigo y no me llames hija!

TEO: ¿Y cómo quieres que te llame? Lo eres, queramos o no. Y me alegro de que las cosas te vayan bien, que hayas encontrado a un chico como Víctor.

HELENA: No te creo.

TEO: Es cierto, créeme. Reconozco que a veces le odiaba, pero luego el padre que hay en mí, ese que te quiere por encima de todas las cosas...

HELENA: (Tapándose la cara con las manos y haciendo intención de salir precipitada) ¡No, no quiero oírte, no quiero oírte! ¡Es como una pesadilla!

TEO: (Sujetándola suavemente) Por favor, no seas tan dura conmigo.

HELENA: ¿Te parece que no?

TEO: También fuiste feliz.

HELENA: ¿Feliz? ¿De veras crees que fui feliz?

TEO: Lo parecía o mucho me engañabas.

HELENA: ¿Cómo podía serlo? Me veía distinta a las demás.

TEO: Lo eras.

HELENA: ¡Porque te empeñaste en que lo fuera! (Breve pausa) Sí, aparentemente igual, con el mismo uniforme, las mismas trenzas, la misma aparente inocencia, pero yo no era igual a las otras. Yo era una pura mentira, una falsa apariencia, alguien crecido a la fuerza, por encima de mi edad... Cuando mis compañeras empezaban a descubrir el amor, yo ya estaba de vuelta, y cuando rechazaba las insinuaciones de los muchachos de mi edad, tenía la sensación de estar cometiendo un fraude. (Breve pausa) ¿Te acuerdas de mis novios, papá? (Este «papá» dicho con reticencia) Ninguno te parecía bien, y aunque parecías condescender con ellos como un amante tolerante, los ojos te ardían de celos, no lo podías disimular, y cuando te decía que todo había acabado con aquellos muchachos inocentes que me creían intacta, tú no podías contener un gesto de triunfo. ¿Cuántos amores me hiciste malograr, papá?

TEO: No lo lamentes: ninguno de aquellos idiotas te merecía.

HELENA: ¿Y tú sí?

TEO: No podía permitir que tu preciosa vida se malograra.

HELENA: ¿Te parece que no se malogró?

TEO: A la vista está que no. Víctor...

HELENA: ¡No mezcles a Víctor en esto!

TEO: Víctor está, quieras o no. Recuerda que fui yo quién más insistió en que te casaras.

HELENA: Porque te convenía.

TEO: Víctor merecía la pena.

HELENA: Víctor tuvo el don de la oportunidad: se presentó en el momento justo. Esa fue su principal virtud. Había que casarme. Los rumores se hacían cada vez más insistentes y Víctor era tu coartada. Si las cosas se hubieran sabido, si todo hubiera quedado al descubierto, ¿qué hubiera pasado con tu carrera, papá? ¿Dónde estarían los premios y los homenajes? ¿Qué universidad se hubiera atrevido a nombrarte doctor honoris causa de haber sabido que te acostabas con tu hija? ¡Había que casarme, largarme lejos! No me necesitabas ya.

TEO: Te equivocas: es cierto que quise alejarte, pero lo hice por ti, sólo por ti, y Víctor era el hombre que te convenía.

HELENA: ¡No mientas! Sólo te importaban tu carrera y tu prestigio! (Breve pausa. En tono menor) Lo de menos, era haberme pervertido.

TEO: ¿Cómo puedes hablar de perversión?

HELENA: ¿Cómo llamarlo entonces?

TEO: Identificación...

HELENA: ¡No me hagas reír!

TEO: (Con nostálgico entusiasmo y para sí) Todo empezó cuando te leí la Ilíada... Era una versión para niños con ilustraciones... Luego vinieron otras lecturas: Sófocles, Esquilo, Safo... ¿te acuerdas? los viajes por el Mediterráneo, las ruinas de los templos con los que te extasiabas... Nos movíamos los dos en un círculo mágico de héroes, gigantes, dioses y cíclopes... Un círculo mágico en el que los demás no podían penetrar... Tú y yo mecidos, apresados por los clásicos, por la grandiosidad y belleza de ese mundo en el que la pasión trasgredía las normas. Eras mi universo único y precioso en el que yo, por fin, descubría mi propia identidad. Eras mi Atenea y mi Juno, y todas las hermosas de los mitos, pero sobre todo, mi Atenea, porque así como ésta surgió de Zeus, tú surgiste de mí.

HELENA: (Irónica) Te olvidas de que Atenea era casta. Y yo impúdica, gracias a ti.

TEO: No, Helena, todo era bastante más puro de lo que tú te crees.

HELENA: ¿Puro? No sigas, papá. Lo estropeas por momentos.

TEO: Y sin embargo, no creo haberte hecho tanto mal. Cuando tus compañeras perdían el tiempo con frivolidades, tú lo ganabas dedicándolo a tu formación y al estudio, y mientras algunas de ellas hacían naufragar su vida metidas en peligrosas aventuras, tu experiencia te mantenía a salvo. (Helena va a hablar, pero él no la deja) No, no era yo quien te hacía despreciar a aquellos muchachos que encantaban a tus amigas, sino tú: odi profanum vulgus, decías.

HELENA: ¿Qué yo decía eso? ¡Imposible!

TEO: ¡Sí, lo decías! ¡Claro que lo decías! (Pausa) Maduraste, Helena, gracias a mí. Yo te liberé de que fueras una hembrita equivocada y estúpida.

HELENA: ¡Pero yo tenía derecho a ser frívola y equivocarme!

TEO: ¿Y para qué querías ese derecho? El juego de la equivocación es tan peligroso, que a veces nos quedamos enredados en él para siempre, y yo no podía consentir que eso te pasara a ti. Te preservé, Helena, y al hacerlo, aunque tú no lo creas, te hice libre.

HELENA: ¡Libre! ¿Libre yo? ¡Fiscalizabas mis pasos, todos mis movimientos! No hagas pasar por generosidad lo que no era más que egoísmo: eres un monstruo y solo me querías para ti! Incluso ahora, lanzas tus hilos desde lejos. ¿Crees que no me doy cuenta? ¡Ni mi trabajo ni el de Víctor se deben a la casualidad!

TEO: ¿También me lo reprochas?

HELENA: Me gustaría haberlo conseguido por mí misma.

TEO: Es tu oportunidad. Es lo único que debería importarte.

HELENA: (Dejando traslucir una pena que no puede evitar) Antes me retenías; ahora me alejas...

TEO: Ni te retuve entonces, ni te alejo ahora.

HELENA: Sí, entonces me retenías.

TEO: Sí, quizás sí. Te veía y te veo como una fuerza de la naturaleza a la que no podía resistir, como un fatum en el que siempre terminaba cayendo... Como Edipo intenté huir, y como a él, el destino se me ponía en contra enfrentándome cada día a la fatalidad. Parecía como si todo estuviera irrevocablemente dispuesto entre tú y yo, como si el curso de los planetas hubiera trazado el mío de forma inequívoca... Llegó un momento, tan agobiado estaba, que me rendí, como los humanos se rinden ante los dioses. Ninguna acción debía imputárseme. Yo no era responsable. Ellos, a través del destino, lo decidían todo.

HELENA: Muy cómodo, papá.

TEO: No, nunca fue cómodo: la resignación, la armonía conmigo mismo, duraban poco: el padre que llevo dentro no me dejaba en paz, atormentándome por mi falta. Entonces me maldecía, ¡te juro que me maldecía! Y hacía todo lo posible por apartarte de mí, pero la reacción también duraba poco y volvía a rendirme acto seguido. (Breve pausa) Eso fue mi vida durante todos estos años: lucha y rendición; rendición y lucha. (Breve pausa) Cuando me dijiste que te casabas, sentí dolor, pero también una alegría profunda, como la que proviene de una curación dolorosa. Te quería tanto y tan desinteresadamente, tan por encima de todo, que te prefería con otro que conmigo. Si te hubieras quedado, si no te hubieras ido de mí, habrías sido mi culpa y mi fracaso. La evidencia de mi completa rendición.

HELENA: Soy tu fracaso y tu culpa, y esa sensación la tendrás mientras vivas.

Entra en ese momento ADELA. Enseguida se da cuenta de la situación.

ADELA: (A Helena) Víctor pregunta por ti.

HELENA: Ya voy.

Sale Helena precipitadamente. Quedan solos Teo y Adela.

ADELA: ¡Déjalos! ¿Quieres? Víctor es un buen chico y está muy enamorado de Helena.

TEO: Calla, no seas cruel. No me martirices.

ADELA: Tú también lo haces. También me martirizas.

TEO: Lo siento... lo siento...

ADELA se le queda mirando y luego sale en un gesto de rabia contenida.

Fin del primer acto

ACTO II

Los anteriores a los que se ha sumado VÍCTOR, un joven de agradable y educado aspecto. HELENA y él forman una buena pareja. Todos en torno a una mesa engalanada. Están terminando de cenar. Aunque la velada parece transcurrir animadamente, puede observarse en gestos y palabras una soterrada tensión. Entre todos, TEO, parece un tanto ausente.

JULIA: (A Víctor y ofreciéndole de una bandeja) ¿Un poco más?

VÍCTOR: No, no gracias. Todo está buenísimo, pero...

JULIA: ¿Más vino?

VÍCTOR: No, ya bebí suficiente.

JULIA: Un chico comedido.

ADELA: (A Julia) Con tus interrupciones culinarias no le dejas terminar lo que estaba contando.

JULIA: (A Víctor) Es cierto. Perdón. ¿Decías?

VÍCTOR: Entonces, cuando le dije que no me sentía satisfecho, se me quedó mirando como si dijera una barbaridad. Luego me preguntó si lo que quería era ganar más y yo le contesté que no, que no me refería al dinero, que sobre ese particular estaba conforme y hasta me consideraba bien pagado, e incluso excelentemente pagado, pero aquel tipo no me podía comprender. Y cuando yo le expuse mis razones, me miró fijamente y abrió la boca como si estuviera viendo a un ser de otro mundo...

JULIA: (Amablemente) No me extraña: un poco sí.

ADELA: No todo es el dinero, Julia.

JULIA: Casi.

VÍCTOR: Y acto seguido me soltó: «pero ¿tú de qué vas? ¿En qué planeta crees que vives?» Entonces comprendí que no podía seguir allí ni un minuto más.

Todos sonríen con aprobación.

HELENA: (Con ligero resquemor) ¡Muy idealista! Pero reconoce que te pasaste.

VÍCTOR: En absoluto. Le dije lo que tenía que decir. Ni más ni menos. Era un cara y un incompetente. Y lo que es peor: un corruptor literario.

HELENA: Eres demasiado perfeccionista e intolerante: La corrupción literaria no me parece tan grave.

VÍCTOR: Tan grave como cualquier otra. O tal vez peor.

HELENA: (Mirando a Teo) No creo que la corrupción literaria pueda equipararse con la corrupción moral...

VÍCTOR: Más de lo que piensas: se empieza por el lenguaje y se continúa con todo lo demás. En el lenguaje radica la mayor perversión.

HELENA: No estoy de acuerdo: las palabras son sólo palabras.

VÍCTOR: ¿Sólo? Las palabras trasmiten conceptos y si corrompemos las palabras, cambiamos, equivocamos el concepto y trasmitimos una idea adulterada. La literatura se basa en la sabia combinación de los conceptos mediante las palabras, y por tanto, la corrupción literaria es el principio de la corrupción moral, porque oculta y tergiversa la verdad. (Dicho todo esto muy amablemente, sin desear epatar).

HELENA: (Irónica) ¡Bravo, bravo!

JULIA: No os pongáis tan filosóficos. Y además, ¿qué es la moral? Siempre está condicionada por las normas y las circunstancias.

HELENA: (Con reto) Me refiero a la natural; la que está fuera de los dogmas.

TEO: (Como si no estuviera muy seguro de lo que dice) Desde Aristóteles, la moral no es otra cosa que el camino a la felicidad.

HELENA: (Retadora) Entonces, ¿vale todo?

La pregunta de Helena queda en el aire. Silencio incómodo.

VÍCTOR: (Intentando dar un giro) Bien, sea lo que sea, lo cierto es que no podía continuar en aquel sitio. La verdad es que me la jugué.

HELENA: (No exenta de reproche) Una auténtica quijotada.

VÍCTOR: De la que me siento muy orgulloso. No podía seguir avalando una literatura detestable.

HELENA: Pero te quedaste en la calle.

VÍCTOR: No por mucho tiempo.

HELENA: ¿Ah, no?

VÍCTOR: A la larga, el hacer lo que uno cree que debe hacer, tiene su recompensa... (Helena va a replicar. Impidiéndoselo) Y si no, ahí tienes la prueba: cuando la cosa se estaba poniendo fea surgió lo de la Universidad...

HELENA: (Con doble intención y mirando a Teo) ¡Ah, sí la Universidad! ¡Una casualidad, tan maravillosa, que no parece casualidad! (Teo no parece darse por aludido).

Todas las objeciones de HELENA a VÍCTOR serán dichas en tono intrascendente y amable, con un tono muy «social», pero con una soterrada crítica.

VÍCTOR: Sí, la verdad. ¿Quién podía pensar que en Estados Unidos iban a interesarse por mí? Es cierto que tenía algún que otro contacto, pero... (Breve pausa) Ahora estoy muy contento, plenamente satisfecho: la universidad es pequeña, tranquila, puedo investigar, me dan todo tipo de facilidades, y los estudiantes son una delicia. Les interesa mucho la literatura española actual.

ABUELO: (Irónico) ¡Ah! ¿Pero hay literatura actual? Yo creí que solamente se escribían libros.

VÍCTOR: Y teatro. También se interesan por el teatro español.

ABUELO: ¡Será el clásico!

VÍCTOR: No, no: el de ahora; el que se está haciendo en estos momentos.

ABUELO: ¡Oh, lá, lá! También pensé que no existía.

VÍCTOR: (Al Abuelo) Y por supuesto que a usted, mi admirado escritor, pienso incluirle en los estudios del próximo curso...

ABUELO: Muchas gracias por tu intención pero no te empeñes, querido Víctor, en sacarle lustre a este viejo autor olvidado y fracasado...

VÍCTOR: Ni olvidado ni fracasado. Cuando alguien cree de verdad...

ABUELO: (Cortándole) Lo soy, Víctor, lo soy. Viejo y fracasado. Y como yo, tantos otros. Pertenecemos a un tiempo finiquitado, liquidado. Ahora imperan otros gustos. La grandeza, el buen hacer, han desaparecido. Tú mismo pudiste comprobarlo. ¿Qué se edita, qué se publica hoy? ¡Basura en su noventa por ciento! (A Teo) ¿No estás de acuerdo? (Teo afirma en silencio) Sólo merecen la pena los clásicos...

JULIA: (Despectiva) ¡Ya salieron! ¡Cómo no! ¡Los clásicos!

TEO: (Con desgana y mirando a Helena) Se equivoca, suegro: los clásicos tampoco están de moda. ¿A quién le preocupa hoy lo que se dijo hace siglos? Ni tan siquiera ayer mismo. Vivimos en el más permanente de los olvidos...

ABUELO: No estoy de acuerdo: los clásicos, los verdaderos clásicos, siempre estarán vigentes porque siempre terminan hablándonos de nosotros mismos. Claro que aquí entramos en otro dilema, porque, ¿qué es un clásico? ¿Qué entendemos por tal? También sobre eso, existe confusión, como en casi todo: a la larga muchos de estos aburridos y detestables autores, acabarán por serlo con un poco de suerte. En realidad se llega a clásico por pura inercia, por la fuerza de la costumbre y por cuestiones puramente cronológicas, y no es eso. No todo lo que se toma por clásico o se considera clásico, lo es. (Dirigiéndose a Teo) ¿No estás de acuerdo, Teo? Tú eres el más indicado para hablar de lo que debe ser el clasicismo...

JULIA: (Cortando impaciente a Teo) ¡Papá, por favor, que no estáis en la universidad! ¿Podíamos hablar de algo un poquito más intrascendente, más vulgar y asequible? ¡Un poco de piedad para una pobre indocumentada!

ABUELO: Mi hija tiene razón: «primum vívere; deinde filosofare». (A Teo y Helena) ¿Se dice así?

Todos sonríen benévolamente.

JULIA: ¡Habladme de la casa! Todavía no me habéis dicho

nada! ¡Me encantan las casas, verlas, decorarlas! ¡Lástima que estemos tan lejos! (Al Abuelo que va a servirse más bebida) ¡Por favor, papá, ¡no bebas más! (Mira a Teo, que también bebe, con evidente recriminación. Va a decirle algo, pero opta por callarse).

ABUELO: La Navidad es un buen pretexto para comer y emborracharse. ¿Para qué sirve si no?

ADELA: ¡Qué cosas dices, papá! (A Víctor, intentando disculparle y tomárselo a broma) ¡Es además de pagano, maleducado!

ABUELO: A los viejos, todo se nos dispensa, ¿verdad? ¡Nos queda tan poco!

Nuevo silencio incómodo.

VICTOR: (A Julia e intentando llevar la conversación por otros derroteros) Me preguntabas por la casa y la verdad es que estamos encantados. ¿Verdad, Helena? (Helena asiente sin demasiado entusiasmo) Es amplia, luminosa, y con una situación inmejorable: suficientemente aislada y sin embargo, a cinco minutos de la autopista. Fue una verdadera oportunidad.

HELENA: Pues yo, si os soy sincera, prefería el apartamento.

VÍCTOR: El apartamento estaba bien y en muy buen sitio, pero era demasiado pequeño: no llegaba a sesenta metros.

HELENA: Pero muy bien distribuidos. Y tenía todas las comodidades. La casa me parece inabarcable.

VÍCTOR: Porque ahora está todo sin colocar, pero cuando veas las cosas en su sitio... (Atrayendo hacia sí a Helena) ¡terminarás por estar encantada!

HELENA: No digo que no, pero ahora tengo la sensación de que todo se me echa encima. El apartamento lo controlaba, pienso que por esa misma sensación de eventualidad, de paso, pero la casa es como si me obligara a echar el resto, a implicarme en algo...

JULIA: ¿Y en qué mejor que en tu casa?

HELENA: Cuando veo todas esas cajas por todas partes, sin abrir, ¡me entra una angustia! Me da la sensación de que tengo que resolver un enorme rompecabezas. ¡Hay tanto que colocar, que distribuir, que ordenar! ¡El apartamento era tan acogedor!

VÍCTOR: Pero se nos quedaba pequeño.

HELENA: Sobraba para los dos.

VÍCTOR: (Atrayéndola hacia sí) Pero no siempre seremos dos...

Todas las observaciones y réplicas de Víctor estarán guiadas por el tono amable, condescendiente y cariñoso.

ADELA: Por cierto, ¿hay alguna novedad?

ABUELO: (A Adela) ¿Por qué careces, querida hija, del don de la discreción?

ADELA: ¿Qué malo hay en hacerle esa pregunta a unos recién casados?

VÍCTOR: Es cierto. Pero no. No hay nada. Al menos, de momento. Helena está en ese asunto tan perezosa como con la casa.

Ríen. Helena, un tanto forzadamente.

JULIA: ¡No me digas! ¡Con la ilusión que me hacía ser pronto abuela!

HELENA: Pues tendrás que esperar un poco todavía, mamá.

JULIA: Los hijos, de venir, cuanto antes. Me parece deplorable esa manía que tenéis ahora las mujeres de ser madres tardías.

HELENA: No es una manía, mamá. Son las circunstancias. Hoy, las mujeres trabajamos.

JULIA: ¡Trabajar, trabajar! Todo eso está muy bien, pero lo primero para una mujer deben ser los hijos «*Primun vívere...*», tu abuelo lo acaba de decir.

HELENA: (Un poco cortante) Lo siento, mamá, pero hoy por hoy, tengo otras prioridades.

VÍCTOR: ¡Helena va a trabajar! ¿No os lo ha dicho?

JULIA: Ni palabra.

VÍCTOR: Tiene una oferta excelente. (A Helena) ¡Anda, díselo!

HELENA: (A Víctor y con ligero reproche) Preferiría esperar...

JULIA: Esperar, ¿a qué?

HELENA: Es que todavía no es más que un proyecto...

VÍCTOR: (Casi triunfal) Nada de proyecto; es un hecho: Helena va a empezar a colaborar en mi misma universidad, en el departamento de estudios clásicos! ¿No es estupendo?

Rumores encomiásticos y de enhorabuena de los presentes. HELENA, no obstante, se muestra reticente: no le ha gustado que Víctor lo haya dicho.

TEO: (Con aire distraído) ¿Quién dirige el departamento?

VÍCTOR: Una tal Sandra Barnes. Una persona muy competente.

JULIA: Sandra... Sandra... ¡Pero si tú la conoces, Teo!

TEO: Sí, quizás coincidimos en algún congreso...

HELENA: (Con cierta recriminación) Pues ella sí te conoce. Y te admira mucho. Tanto, que pienso que me ha ofrecido el puesto gracias a ti.

TEO: No seas tan modesta, querida: te recuerdo que tienes méritos propios. ¿Por qué no puedes pensar que lo has conseguido por ti misma?

JULIA: Exacto, ¿por qué no? (Helena calla. Breve pausa) De todas maneras sigo pensando lo mismo: para trabajar siempre hay tiempo, pero si se quiere traer hijos al mundo...

HELENA: ¿Y quién os dice que quiera tener hijos?

Silencio incómodo. Todos miran a Helena y a Víctor.

ADELA: No puedes hablar en serio...

HELENA: ¿Y por qué no?

ADELA: No creo que haya una mujer que no quiera tener hijos.

ABUELO: ¿Y por qué no te aplicaste tú ese cuento?

ADELA: Te recuerdo, padre, que yo no tengo marido.

ABUELO: Ni lo quisiste. Y además, que yo sepa, marido, lo que se dice marido, no hace falta.

Todos ríen. El Abuelo se sirve de la botella.

ADELA: No bebas más, ¡Papá!

ABUELO: (Sin hacer caso de la observación de Adela y a los demás en tono jovial) Un psicólogo de los que ahora están de moda, diría que nuestra Helenita se resiste a enfrentarse a su destino ancestral, ese impuesto a las mujeres generación tras generación: la casa, los hijos... Pero al final, por mucho que se eluda, que se posponga, uno no se escapa de lo que la vida nos tiene deparado: acuérdate de Edipo.

TEO: (No queriendo entrar en el tema y haciendo un gesto de despreocupación) No hagas caso, Helena eso del destino es cosa de los clásicos: agua pasada. (Mira a Helena que baja la vista).

JULIA: (A Teo) ¿Oigo bien? ¿Agua pasada? ¡Aleluya! ¡Ya era hora! (A Víctor) Porque en esta casa, querido yerno, como habrás podido comprobar, los estamos citando a todas horas: nos levantamos con los clásicos, comemos con los clásicos, cenamos con los clásicos, soñamos con ellos... ¡Siempre a vueltas con los clásicos! Todo lo que ellos digan, va a misa.

TEO: (Amablemente) Vivimos de ellos, no te olvides.

ADELA: Y no precisamente mal.

VÍCTOR: (A Teo e intentando quitar hierro a esa subterránea tensión) La verdad es que es enorme el prestigio que tienes: en todas partes te conocen.

TEO: No tanto, no tanto. En círculos muy minoritarios, nada más.

VÍCTOR: De minoritarios, nada. Ahí están las publicaciones, los premios, los homenajes...

TEO: Minoritario, insisto. El clasicismo apenas si cuenta en el mundo de hoy. Los que nos dedicamos a esto somos cuatro locos desubicados. Y la prueba es que las lenguas clásicas...

ADELA: (Víctor) No le hagas caso, sobrino: Teo es muy modesto.

JULIA: (Como si la picaran) ¿Modesto? ¿Modesto Teo? ¡La primera noticia!

TEO: (Amablemente y pasando por alto la observación de Julia) Julia tiene razón: la modestia no es más que un disfraz para mi ego. ¡En fin! Yo creía que era un buen simulador, pero está visto que a la larga todo se descubre.

Incomodidad. Risas de compromiso.

ADELA: (Con cierta intención) Eso es verdad: hasta el secreto mejor guardado.

A Helena que se la ha notado nerviosa se le cae una copa. Ésta se rompe, y el vino se derrama. Dirá algo así como: ¡seré tonta! o cualquier otro comentario y se pondrá a limpiarlo azorada con la servilleta. Pequeño revuelo en torno a la copa rota. Con ella también parece romperse la compostura.

JULIA: (Levantándose) Deja, no te vayas a cortar. (Todos se separan un poco de mesa. Julia sale y vuelve con un pequeño recogedor y algo para recoger el vino. Se muestra alegre y dispuesta) No ha sido nada. Dicen que es alegría.

HELENA: (Limpiándose el vestido) ¡Pero el vestido!

VÍCTOR: Lo llevas al tinte.

Julia la limpia por encima.

JULIA: ¡Voilá! ¿Lo ves? ¡No ha pasado nada! (Dispuesta a retirar los platos) ¿Alguien quiere mas?

ABUELO: Yo.

JULIA: Tú no, papá. ¿Tú, Víctor?

VÍCTOR: No, gracias. Imposible: estoy lleno. Todo ha estado buenísimo. (A Helena) Tu madre es una excelente cocinera.

JULIA: (Halagada) Pasable; sólo pasable.

ABUELO: (Un poco achispado) ¡Excelente! Siempre lo dije. Excelente, sí. Adela en cambio, me mata a esas comidas asépticas que no saben a nada. (Coge la botella dispuesto a servirse).

ADELA: (Quitándosela) Son las que te convienen, papá: ya sabes, la tensión.

ABUELO: ¡La tensión! ¡A la mierda la tensión!

ADELA: Sí, la tensión.

ABUELO: ¡Para un día que uno puede alegrarse el paladar. (Hace intención de servirse de la bandeja. Adela le da en la mano. El abuelo a los demás) Ahí donde la veis tan modosa, tan eficiente, tan ejemplar, es una tirana.

JULIA: ¿Café? ¿Quién va a tomar café?

Todos levantan la mano. EL ABUELO, el primero.

ADELA: Tú no, papá.

ABUELO: ¿Tampoco se me concede tomar café?

ADELA: Tampoco.

ABUELO: ¿Ni una gota?

ADELA: Ni una gota.

JULIA: (Recogiendo los platos) Mujer, déjale, por un día...

ADELA: He dicho que no.

ABUELO: Pues querida hija, en vista del éxito, ¡me voy a estirar las piernas! (Se levanta decidido).

ADELA: (Levantándose tras él) ¿Adónde vas ahora, papá, con este frío y tan de noche?

ABUELO: No tengo frío.

JULIA: ¿Cómo va a tener frío con todo lo que se ha metido en el cuerpo?

ADELA: A ver si nos das un disgusto.

ABUELO: ¡Siempre tan optimista!

ADELA: Es que si te caes...

ABUELO: Ya, ya lo sé que no puedes cuidarme. (A los demás) En realidad, no se preocupa por mí sino por ella: ¡es tan devota de su divino tiempo!

EL ABUELO sale. ADELA hace intención de salir tras él. JULIA le hace un gesto para que le deje.

ADELA: ¿Te das cuenta, Julia? ¡No se puede con él! ¡A estirar las piernas! ¡Lo que va es a fumar! ¡Si lo sabré! Da lo mismo que el médico le diga lo que le diga! (Julia retira los platos. Adela la ayuda. A Teo que hace intención de encender un cigarrillo) ¡Y lo mismo te digo cuñado! ¡Otro que tal!

JULIA: (Por Teo y a Adela) No insistas: es como predicar en el desierto.

Salen JULIA y ADELA con los platos.

TEO: Reconozco que no tengo remedio. (A Helena y Víctor y por el cigarro) ¿Os importa? (Ellos niegan. Teo enciende un cigarrillo. Fuma con evidente delectación. Breve silencio.) Creí que te molestaba el humo.

VÍCTOR: No, no por favor. No me molesta.

Sale ADELA, que ha escuchado lo último. Tras ella, JULIA, con un servicio de café.

ADELA: (A Víctor y por Teo y mientras ayuda a distribuir las tazas) Y aunque te moleste, da igual. Teo, en cuanto al tabaco, es un desconsiderado.

VÍCTOR: (Intentando contemporizar y por Helena, mientras le hace un gesto cariñoso) Helena sin embargo, lo ha dejado. Estoy muy orgulloso: se merece un premio.

Todos dicen cosas como ¡bien, estupendo! Y aplauden discretamente. JULIA sirve el café.

HELENA: (Oscilando entre la broma y el enfado) ¿Cómo no iba a dejarlo si me machacabas continuamente?

VÍCTOR: (A Helena y a todos) No teníamos más remedio: allí, si fumas, te condenan al ostracismo.

JULIA: ¡Qué exageración! (Toman el café en silencio. TEO coge la botella y se sirve. Bebe. JULIA le mira con reconvención. Por lo bajo) Por favor, Teo... Basta ya.

TEO: Perdona. Creí que estábamos celebrando. ¿O no estamos celebrando?

JULIA: Celebrando, ¿el qué?

TEO: ¡La Navidad!

JULIA: (Escéptica) ¡Ah!

TEO: Y que Víctor y Helena estén aquí, con nosotros y Helena redimida de todos los vicios... (Ha dicho esto último con un ligero retintín).

Alza la copa mirando a Helena. Bebe. Va a volver a servirse pero ADELA le retira la botella.

TEO: Como verás, Víctor, mi mujer y mi cuñada velan por mí.

Ligera tensión. HELENA mira de soslayo a TEO.

ADELA: ¡Si te cuidaras! ¡Pero no! Los hombres sois unos insensatos! Si no fuera porque estamos nosotras detrás... ¡No sé qué va a pasar contigo cuando te quedes solo!

ADELA lo ha soltado de corrido, de golpe, como una bomba. Breve e incómodo silencio. JULIA dirigirá a Adela una mirada entre sorprendida y furiosa. TEO se centrará en la copa y mirará a Adela de soslayo. HELENA mirará, alternativamente, a su tía y a su madre.

HELENA: (A su tía) ¿Cómo solo? ¿Qué quieres decir?

ADELA: No, nada, nada.

JULIA: (Intentando paliar) Lo que tu tía ha querido decir...

HELENA: La tía no ha querido decir: ha dicho.

ADELA: No me hagas caso. No tiene importancia. Ha sido un lapsus.

JULIA: Tu tía es especialista en lapsus, ¿lo sabías? Siempre dice lo que no quisiera decir...

ADELA: Bueno, lo siento. La verdad, es que no tiene nada de particular. Es tu madre quien debería decírtelo, pero si ella no quiere, no diré ni media palabra más.

JULIA: (A Adela, por lo bajo) Ya, ¿Qué más da? Te pedí por favor...

ADELA: La verdad es que no veo por qué andar con secretos. Es tu hija y a la larga va a terminar enterándose.

HELENA: Enterándome, ¿de qué? ¿Qué ocurre mamá?

JULIA: (Adquiriendo un aire ligero e intrascendente) Bien, sea: tu padre y yo nos separamos.

HELENA: (Con evidente sorpresa) ¿Qué os separáis?

JULIA: Sí, sí, nos separamos. Y la decisión ha sido mía, por si te interesa. (Pausa. Helena sigue mirándola con extrañeza) No sé por qué te extrañas. ¡Menuda novedad! Es algo que pasa todos los días y en las mejores familias.

HELENA: Entonces, ¿por qué no querías decírmelo?

JULIA: No te íbamos a amargar un día como éste.

ADELA: (Irónica) No creo que se amargue demasiado: Helenita encaja muy bien.

JULIA: Pues esta vez no lo parece.

HELENA: (Como desorientada) No, no es eso.

JULIA: No irás a decirme que te parece mal.

HELENA: No, no. Sólo que no lo entiendo.

Breve silencio

JULIA: La verdad, hija, no me lo esperaba. ¡Sólo me falta que me censures, que mi propia hija me censure!

TEO: (A Julia) Te estás curando en salud. Helena no ha dicho...

JULIA: (Cortándole) No hace falta decir: de sobra se nota que no le gusta.

TEO: Todo te lo dices tú.

JULIA: Cuando dice que no lo entiende es porque no le gusta. (Breve pausa) ¡Todos los hijos son iguales! ¡Unos egoístas! (Da pequeños paseos. Enfrentándose a Helena) Vamos a ver: ¿por qué no lo entiendes?

HELENA: Perdona. Pensé que ya...

JULIA: ¿Qué pensaste?

HELENA: Que una vez los dos solos...

JULIA: Pues ya ves que no.

VÍCTOR: (Intentando contemporizar) ¡Por favor, Helena! ¿Por qué te pones así? ¡Hoy día estas cosas son tan normales! Casi todos hemos pasado por eso.

HELENA: Tú no.

VÍCTOR: Yo también: mis padres estuvieron a punto hace unos años.

HELENA: (Cortándole con cierta brusquedad) ¡No hables por hablar! ¡Tus padres nunca se separarían!

Corte.

TEO: Quiero que sepas, para tu tranquilidad, que tu madre y yo estamos totalmente de acuerdo. Vamos, que lo hacemos de manera civilizada, y amistosa.

HELENA: (Intentando encajarlo) Vale, vale. Está bien.

JULIA: Tu sabes que nuestras relaciones se deterioraron hace tiempo, pero nunca tomamos una decisión. Y tal vez hubiéramos continuado así de no haber aparecido en mi vida otra persona.

ADELA: (Con retintín) Tu madre está enamorada. Al menos, eso dice.

JULIA: No seas venenosa, Adela. ¡Claro que estoy enamorada!

HELENA: (Intentando contemporizar) Bien, ¿y quién es el afortunado?

ADELA: (Adelantándose) ¡Carlos, Carlitos! ¿Te acuerdas?

HELENA: ¿Pero no fue novio tuyo?

ADELA: ¡Nooo! Una temporada. Un simple flirteo sin consecuencias. Quien le gustaba de verdad era tu madre. Pero como tu madre estaba loca por Teo...

JULIA: Hace dos años se quedó viudo, nos encontramos y... ¡eso es todo! Como ves, no hay nada de particular: ¡una vieja historia! (Se hará un silencio. JULIA dando por finalizada la conversación, se levanta y va decidida al árbol de Navidad. En tono nuevamente desenfadado) ¡Bien! Y ahora ha llegado el momento de dar los regalos. Son cosas corrientes, no os vayáis a pensar... Todos llevan su correspondiente cheque por si no os gustan y queréis cambiarlos. Helena, ven para acá: tú eres la primera.

ADELA: No Julia, eso no es todo.

JULIA: ¿Qué demonios te pasa ahora?

ADELA: Y por muy Navidad que sea, no es el momento de fiestas ni de regalos.

JULIA: ¿Has bebido, Adela? Porque lo parece.

Empieza a coger los paquetes sin hacer caso de ADELA.

ADELA: ¡Qué habilidad la tuya! ¡Qué bien representaste siempre! ¡Qué bien se te da quitar importancia a todo lo que la tiene! Siempre dando la impresión de que vives en una balsa de aceite. ¡Como entonces, cuando sucedió lo que sucedió!

JULIA: Bueno, Adela,¡basta ya!

HELENA: ¿Pero qué os pasa?

JULIA: Lo que le pasa a tu tía es que está celosa.

ADELA: ¿Celosa yo?

JULIA: ¡Sí, celosa! ¡No puede soportar que le quite los novios!

ADELA: Te equivocas, querida: a mí, lo único que me ha interesado siempre, ha sido mi carrera.

JULIA: ¡Tu carrera! Eso es lo que dicen todas las frustradas.

TEO: Por favor, dejarlo ya. (A Víctor) Te ruego Víctor que nos disculpes.

ADELA: No hay nada que disculpar ni qué ocultar: Víctor no es una visita. Ya es de la familia.

HELENA: ¡Menuda familia!

JULIA: ¿Qué tienes que decir? Eres la persona menos indicada para hablar de la familia.

TEO: ¡Basta! Estáis dando un espectáculo lamentable.

HELENA: ¿Pero se puede saber lo que pasa?

JULIA: No hagas caso. Si tu tía está histérica, no vamos a hacerla el juego los demás. (Adela va a hablar pero Julia no le deja) ¿Sabes lo que te digo? ¡Qué me tiene sin cuidado lo que digas o dejes de decir, y si tienes mal vino, te lo aguantas! ¡He dicho que voy a dar los regalos, y voy a dar los regalos! (Va decidida a los paquetes).

ADELA: De acuerdo, de acuerdo... Si quieres seguir jugando a las apariencias, hazlo: por mí no te prives.

JULIA: Y tú tampoco, si te empeñas en airear los trapos sucios.

ADELA: De trapos sucios, nada. Es la verdad.

JULIA: No; no es la verdad. Todo es mentira, maledicencia, mala voluntad y resentimiento.

ADELA: ¿También es mentira la enfermedad de Teo?

Corte. Otra vez como una bomba. Espeso silencio.

HELENA: (Yendo hacia Adela) ¿Qué dices, tía?

ADELA: Lo que oyes: tu padre está enfermo.

JULIA: (Pretendiendo quitarle importancia) ¡Enfermo, enfermo! ¡A cualquier cosa le llamas enfermo! (A Helena) No te preocupes: no es nada de particular. ¡Exageraciones de tu tía!

ADELA: ¿Un linfoma no es nada de particular?

Silencio.

HELENA: (Casi para sí) ¿Un linfoma has dicho?

JULIA: No hay que hacer dramas: hoy el cáncer se cura.

HELENA: (Como si le costara creerlo) ¡Un cáncer! ¡Papá un cáncer! ¡No, no es posible! (Yendo hacia Julia) ¿Es verdad? (Julia afirma) Pero, ¿por qué no me lo has dicho? (A todos) ¿Por qué no me lo habéis dicho? ¿A qué viene esta conspiración de silencio? ¿Qué me estáis ocultando? ¿Cuántas cosas más me estáis ocultando?

TEO: No queríamos preocuparte.

HELENA: (Desorientada) Y los médicos, ¿qué dicen?

TEO: Helena, por favor, tranquila. Tiene razón tu madre. No hay que alarmarse. Estas cosas si se cogen a tiempo... Además, yo me encuentro perfectamente. Y sobre todo animoso: dispuesto a presentar batalla y a ganarla...

JULIA: (Por Teo) ¿Te convences? Ya le estás oyendo! ¡Todo quedará en un susto!

HELENA: Pero los médicos, ¿qué dicen? ¡Quiero saber lo que dicen los médicos! (Silencio. Yendo hacia su tía) Tía, dime la verdad.

ADELA: Yo ya no digo ni media palabra. Ya he dicho bastante.

JULIA: Desde luego. Y hasta de sobra.

Silencio. HELENA pasea de un lado a otro pensativa.

HELENA: No, no puede ser... ¡No puede ser! ¡Enfermo! (A Julia) ¡Él está enfermo y tú, te vas! (A su madre acusadora) ¡justamente ahora te vas! ¡Has tenido miles de ocasiones, cientos de motivos para dejarle! ¿Por qué no lo hiciste entonces? ¿Por qué? Y no que esperas ahora, ¿justamente ahora para hacerlo?

JULIA: Tú también te vas, ¿no?

Silencio largo. HELENA se sienta. Más que sentarse, cae sobre el asiento. Es como si todo se derrumbara en torno suyo. Permanecerá ausente unos instantes. Luego, más entera se levanta y va decidida hacia su madre.

HELENA: (Casi para sí) Perdona, mamá. Tienes razón. He sido injusta contigo. ¿Por qué no vas a separarte, por qué no vas a irte? Demasiado aguantaste. Demasiado mal te hemos hecho. En realidad, ¿de qué puedo culparte? ¿De qué puede culparte alguien como yo? La única transgresora, la única que ha incumplido, que se ha saltado las normas, he sido yo. Yo y nadie más que yo he sido culpable de tu infelicidad.

TEO: Por favor, Helena, no sigas, calla ya.

HELENA: (Sin hacer caso de Teo) Vete, mamá, vete, haces bien... Recupera ahora que puedes ese tiempo que te robé. No debes pagar un precio que no es el tuyo. (Tras una pausa) La obligación es mía.

TEO: (Tras Helena) Helena, por favor.

HELENA: (Volviéndose a Teo) Sí, la obligación es mía.

TEO: No, no; no tenéis ninguna. No puedo consentir...

HELENA: Repito, papá, que la obligación es mía. (Pausa. Mirándole fijamente) En realidad, eres más marido mío que suyo.

TEO: ¡No digas disparates! Tu marido es Víctor. Y te debes a él.

HELENA: (Yendo hacia él) No. Eres tú.

Se arroja en los brazos de TEO. Le besa en la boca. Se funden en un beso los dos. Silencio. Profundo corte en la acción.

TEO: (Desasiéndose a su pesar) He dicho que te debes a él. Víctor es el único de todos que merece la pena.

Víctor que en todo este diálogo se ha replegado, cae, casi arrodillado en un rincón. Solloza quedamente, sin hacerse notar, como ese coro de las tragedias griegas que está presente y ausente a la vez.

HELENA: No, papá. He dicho que me quedo. ¿Me escuchas?

TEO: No; me niego a escucharte.

HELENA: (Con enorme ternura) Soy tu mujer, pero también soy tu hija, tu Antígona, papá... ¿Recuerdas? a veces me lo decías... (Teo va a decir algo) ¡Calla, no digas nada! ¡Tu Antígona, papá! Tampoco Antígona abandonó a Edipo. También Antígona se quedó acompañándole en la desgracia.

TEO: (Desasiéndose) No, no voy a consentir, no puedo consentir...

HELENA: Me quedo, papá... ¿Lo oyes? Me quedo. Está decidido. Digas lo que digas y hagas lo que hagas...

El silencio queda roto por los sollozos de VÍCTOR. Toda la atención se centra en él.

JULIA: (Aplaudiendo lenta y cansinamente) ¡Bravo Adela por el espectáculo y por haber desatado a las furias!

VÍCTOR: ¡Lo sabía, me lo advirtieron, pero me negaba a admitirlo! Me parecía imposible... (Tratando ironizar, entre la recitación y la desesperanza) «¡Qué trastorno ha padecido este alma generosa! La agudeza del cortesano, la lengua del sabio, la espada del guerrero, la esperanza y delicias del Estado, el espejo de la cultura, el modelo de la gentileza... ¡Todo se ha aniquilado!"

JULIA: (Por Víctor, por lo bajo, despectiva) ¡Eso es todo lo que se le ocurre! ¡Recitar, como si fuera Ofelia! Locos, todos estáis locos!

HELENA va hacia VÍCTOR. Hace intención de abrazarlo.

HELENA: Por favor, Víctor, no llores, escucha... Lo siento, mi amor.

VÍCTOR: (Con brusquedad y desesperanza) ¡No me llames ¡mi amor! ¡Tu amor es él!

HELENA: Y no lo niego. Por eso voy a quedarme... Porque le quiero y porque me necesita.

VÍCTOR: ¡Pero yo soy tu marido, Helena, y te debes a mí! ¡Él mismo lo ha dicho!

HELENA: Después, Víctor, después en todo caso, si para entonces lo deseas y me perdonas. Pero ahora me debo a él. ¿Lo entiendes?

VICTOR niega repetidamente pero se abraza a HELENA como a una tabla de salvación. Silencio.

JULIA: (A Víctor no exenta de desprecio) ¡Vas a quedarte así! ¡Y encima la suplicas!

VÍCTOR: (A Julia y casi llorando) ¿Qué quiere que haga? ¿Qué los mate?

JULIA: Es lo que ocurre en las tragedias clásicas.

VÍCTOR: (Bajo y para sí) Pero yo también la amo.

JULIA: (Por Víctor) ¡Pobre! (A Helena) ¡Estarás contenta! ¡Has echado tu vida a rodar, eso que yo traté de evitar todos estos años! ¡Has puesto todo patas arriba!

HELENA: No, mamá: es ahora cuando todo está en orden.

JULIA: ¿Orden? ¿A esto le llamas orden? ¡Loca, estás loca! (Breve pausa) Tenía razón tu abuelo: no deberías haber venido.

Al hacer JULIA esa referencia, es cuando ADELA repara en que su padre no está.

ADELA: ¡Papá! ¿y papá? (Alarmada) ¿Dónde está papá?

JULIA: Estará en el jardín.

ADELA: ¿En el jardín? ¿Cómo va a estar en el jardín con la que está cayendo? (Va hacia la puerta que se supone comunica con el jardín. Desde el exterior) ¡Papá, papá! (Vuelve con aspecto desolado) No, en el jardín no está.

JULIA: ¡Lo que nos faltaba!

ADELA: Es una temeridad que se vaya por ahí de noche: no ve bien. ¡Mira que si se ha caído!

JULIA: ¿Por qué te pones en lo peor?

ADELA: Porque casi siempre pasa lo peor.

JULIA: Y si no, ya te encargas tú.

Sale todos al exterior. Se les oirá llamar al Abuelo. Vuelve ADELA nuevamente alarmada, seguida de los demás.

ADELA: ¿Lo veis? ¡No está! No se le ve... no contesta... ni se le ve ni contesta... ¡Donde se habrá metido! ¡Mira que se lo dije! ¡Papá! ¡Lo que nos faltaba! (Se sienta de golpe con desesperanza. Lloriquea).

TEO: No perdamos los nervios.

Luego, con resolución, coge una prenda de abrigo y va decidido hacia la puerta.

ADELA: (Tras él) ¿Adónde vas?

TEO: Habrá que ir a buscarle, digo yo.

JULIA: Te acompaño.

ADELA entonces se coloca ante ellos impidiéndoles el paso.

ADELA: ¡No! ¡Dejadle!

JULIA: ¿Qué dices, Adela?

ADELA: ¡Qué le dejéis!

JULIA: ¡Pero Adela, tenemos que ir! ¡Puede haberle ocurrido cualquier cosa!

ADELA: ¡He dicho que no!

HELENA: Por favor, tía. Hay que buscar al abuelo.

ADELA: ¡He dicho que no! ¡De aquí no se mueve nadie!

JULIA: Has bebido Adela, no estás en tu sano juicio.

Todos intentan convencerla, pero ADELA se coloca delante de la puerta obstruyéndoles el paso.

ADELA: (Abriendo los brazos y colocándolos sobre la puerta) ¡No, no lo permitiré! ¡Os lo prohibo! ¡Tendréis que pasar por encima de mi cadáver!

JULIA: ¿Te has vuelto loca? ¡Papá puede estar por ahí caído, con un hueso roto o algo peor! ¿Vas a dejarle morir tirado como un perro?

ADELA: Es su voluntad.

JULIA: ¿Su voluntad? ¡No digas tonterías! ¿Cómo va a ser esa su voluntad?

ADELA: ¿Te acuerdas de lo que decía esta mañana de los osos y los esquimales?

JULIA: ¡Estupideces de viejo!

TEO: ¡Es tu padre, Adela, se trata de tu padre!

ADELA: Es su opción. Tú más que nadie deberías entenderlo.

JULIA: ¿Qué tonterías estáis diciendo? ¿Qué opción ni que nada?

ADELA: ¡Pues sí, su opción! ¡Todos podéis hacer lo que os venga en gana y él no? ¡Papá no quiere morir en un hospital, ni que le internen en una residencia! ¡Papá quiere morir en mitad de la naturaleza, me lo ha dicho cientos de veces!

JULIA: ¡Papá morirá como la gente decente: en un sitio civilizado!

ADELA: ¡Entérate: papá no quiere morir lleno de tubos, anestesiado e inconsciente o en una residencia rodeado de viejos! ¡Papá quiere morir como los antiguos, como los héroes, como los clásicos!

JULIA: ¡Otra que tal! ¿Cómo no? ¡Otra vez los clásicos!

Silencio. Se abre poco a poco la puerta donde estaba apoyada ADELA. Aparece EL ABUELO restregándose las manos. Observa la tensión. Todos van hacia él.

TEO: (Yendo hacia él) ¡Menos mal!

ABUELO: (Mirando a todos con extrañeza) ¿Pero qué pasa aquí?

JULIA: ¿Cómo que qué pasa? ¡Nos tienes en vilo y dices que qué pasa!

ADELA: (Hacia él y casi amenazante) ¿Dónde te has metido? ¡Di! ¿dónde te has metido, viejo estúpido?

ABUELO: ¡Por ahí!

ADELA: ¡Por ahí, por ahí! Estas no son horas. ¡Y más con esta oscuridad y con este frío! Podías haberte caído, precipitarte por algún barranco. ¡Te he llamado hasta desgañitarme!

ABUELO: Estoy sordo. Ya lo sabes.

ADELA: ¡Inconsciente, que eres peor que un crío!

ABUELO: ¿Es que no se puede ir a estirar las piernas sin que hagas un drama?

ADELA: ¡Estirar las piernas, estirar las piernas! ¡Calla ya con eso! ¡Odio esa frase! (Separándose de él con rechazo, bruscamente) ¿No podías pensar siquiera por un momento en los demás?

ADELA se pone a llorar convulsivamente, fruto de toda la tensión acumulada. EL ABUELO va a consolarla.

ADELA: (A Julia) ¡Déjame papá, me desquicias, me pones de los nervios! No, no puedes hacerme esto. ¡No hay derecho, no hay derecho!

TEO: (Poniéndole una mano en la espalda) Tranquilízate, Adela: papá ya está aquí. No ha pasado nada.

ADELA: No, no ha sido hoy, pero será cualquier otro día.

TEO: ¿Porque dices eso?

ADELA: Porque será así. Porque lo sé.

JULIA: ¡Ni que fueras un oráculo! ¡Siempre poniéndote en lo peor, Casandra de pacotilla! ¡Tú tampoco te has librado, también te han metido en su Olimpo particular! ¡Todos en esta casa lo mismo, con la tragedia puesta! ¡Como si nos hubieran parido los clásicos! ¡Siempre a vueltas con ellos, envenenados por ellos, empeñados en una íntima conversación con el destino y la muerte! ¡Putos, putos clásicos!

Corte en la acción. Silencio. ADELA sigue llorando.

ABUELO: (Apoyando su mano en el hombro de Adela) Llora, hija, llora, descarga... Te hacía falta. ¿Desde cuándo no llorabas?

JULIA: (A todos, y despectiva) ¡Locos, estáis todos locos! Está visto que yo soy aquí la única con sentido común.

ADELA: (Acusadora a Julia) Porque no amas. Porque nunca has querido.

Corte. ADELA sigue llorando aunque cada vez más mansamente; con equilibrio casi.

ABUELO: Gracias hija.

ADELA: (Desabrida) No sé por qué.

ABUELO: Por algo muy sencillo: por ser mortal.

§

Fin de «A VUELTAS CON LOS CLÁSICOS»

Este libro se terminó de imprimir el día 17 de junio de 2012 en la ciudad de Sandomierz - Polonia.
En las cercanías del río Vístula.
§
Para su edición se usó la fuente Latin Modern Roman en 10, 11 y 12 pts. respectivamente. Se imprimieron un total de 100 ejemplares y sobrantes para reposición.

www.ingramcontent.com/pod-product-compliance
Lightning Source LLC
Chambersburg PA
CBHW070551050426
42450CB00011B/2805